Für Luise mit ihren wunderbaren Ideen (Ute Löwenberg)

Für Katharina und Lukas und ihre Neugier (Joachim Lerch)

Bildnachweis:
Fotos auf den Seiten 21, 73
Joachim Lerch

Fotos auf der Seite 12
Helmold Schleicher, Kiepenheuer-Institut f. Sonnenphysik, Freiburg

Fotos auf der Seite 20
Photothèque des Centre national de la recherche scientifique in Meudon/Frankreich

Konzept und Experimente: Joachim Lerch
Geschichten und Lektorat: Ute Löwenberg
Illustration, Layout und Satz: Hannah Lerch

Umschlagentwurf: Hannah Lerch
Druck: Christiani, Konstanz

ISBN 3-86522-631-0

Joachim Lerch und Ute Löwenberg

Die kleinen Energie-Forscher

Geschichten mit Experimenten
zum Selbermachen

Illustrationen von Hannah Lerch

Christiani

Technisches Institut für
Aus- und Weiterbildung

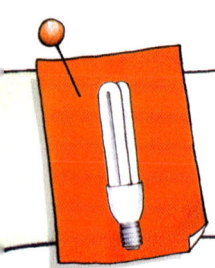

Inhaltsverzeichnis

Vorwort

Liebe Leserin, lieber Leser,
liebe Vorleserin, lieber Vorleser,

dieses Buch enthält zahlreiche Experimente und Geschichten, die mit Energie zu tun haben. Uns fällt beim Stichwort Energie meist vor allem Elektrizität ein, obwohl dies nur eine ihrer Erscheinungsformen ist. Wir wissen heute um die Kostbarkeit von Energie und dass die Zukunftsfähigkeit der Menschheit wesentlich davon abhängt, ob uns ein effizienter Umgang mit unseren Bodenschätzen gelingt. Energie ist in diesem Zusammenhang ein Schlüsselthema – für uns und die kommenden Generationen. Was liegt also näher, als unseren Kindern, den Handelnden der Zukunft, dieses Thema nahe zu bringen.

Leider lässt sich Energie aber gar nicht so einfach erklären, weil sie kein Gegenstand ist. Sie selbst kann man nicht sehen, riechen, tasten oder schmecken. Erst wenn mit der Energie etwas geschieht, kann man sie an ihren Wirkungen erkennen. In diesen Wirkungen ist sie aber immer und überall präsent. Sie spielt in alle Bereiche hinein – auch in die kleinsten Winkel des täglichen Lebens von Erwachsenen wie auch von Kindern.

Und genau hier setzt unser Buch an. Es zeigt Energie in ihren vielfältigen Erscheinungsformen im Alltag auf, so dass die natürliche Neugier von Kindern und interessierten Erwachsenen ausreichend Nahrung findet. Kurze, lustige Geschichten, in denen jeweils ein Junge oder Mädchen aus seiner Alltagswelt erzählt, wechseln sich mit sorgfältig auf ihre Durchführbarkeit geprüften Experimenten ab.

Stärken Sie als Erwachsener die Kompetenz und das Selbstbewusstsein der Kinder, indem Sie das Kind beim gemeinsamen Experimentieren selbst Erfahrungen machen lassen. Je weniger Sie steuernd oder belehrend eingreifen, umso größer ist der Lerneffekt. Wichtig und gefragt sind Sie als Partner beim sorgfältigen gemeinsamen Lesen der Versuchsbeschreibung, beim Klären von Begriffen, beim Beschaffen der notwendigen Gegenstände und als „Sicherheitsbeauftragter": Achten Sie stets darauf, dass alle Sicherheitsvorkehrungen während des Experimentierens eingehalten werden! Leisten Sie Hilfestellung, wo das Kind nicht weiterkommt und ermutigen Sie es, Vermutungen zu äußern: „Was könnte im nächsten Schritt passieren und warum glaubst du das?" Wiederholen Sie Versuche, wenn das Kind es wünscht.

Wir wünschen uns vor allem, dass Sie und Ihre Kinder viel Spaß beim gemeinsamen Forschen haben!

Jocahim Lerch und Ute Löwenberg

In unserem Buch kannst du immer an den Bildern neben den Kapitelüberschriften erkennen, wer eine Geschichte erzählt:

Ich bin **Matteo** und kann mich oft nur wundern, was meine beiden kleinen Schwestern, meine launische Mutter und mein Vater so alles anstellen. Manchmal komme ich kaum noch zum Fußballspielen!

Ich heiße **Lola**. Es ist echt nicht immer leicht, einen Zwillingsbruder zu haben. Er kann ja nichts dafür, dass er kein Mädchen ist, aber im Fußball ist er definitiv eine Niete. Zum Glück ist er ansonsten eigentlich ganz okay.

Ich bin **Jakob** und finde das Experimentieren in meiner Natur-AG einfach besser als Fußball. Reicht doch, wenn einer aus der Familie ständig einem Ball nachläuft. Und das ist bei uns eben meine Schwester Lola.

Ich heiße **Pauline** und wohne mit meinem immer arbeitenden Vater zusammen. Wahrscheinlich wäre ich schon vor Langeweile gestorben, wenn Lola nicht meine allerbeste Freundin wäre.

Geh mir aus der Sonne

Das ist mal wieder typisch. Ich soll mir – aber pronto – die Fußballkla-
motten anziehen. Und dann kommen wir nicht los, weil Mama erstmal
stundenlang mit Claudia telefoniert. Müssen die denn gerade jetzt so
lange quatschen, wenn ich in den Park zum Fußballspielen will? Allerdings kommen Lola und Jakob auch nicht los, weil ihre Mama Claudia
ja schlecht gleichzeitig mit meiner Mutter telefonieren und die beiden in
den Südpark fahren kann.

Jetzt quatschen die noch immer. Ich muss was unternehmen. Allerdings
ist es nicht ganz ungefährlich, Mama beim Telefonieren zu unterbrechen.
„Caro mio", sagt sie immer, „du machst mich mit deiner Reinquatscherei
fuchsteufelswild!" Aber das ist jetzt ein Notfall. Wenn mir nicht sofort
was einfällt, kommen wir heute nicht mehr in den Park. Ich stelle mich
also vor Mama hin und flüstere: „Mama, du hast doch gesagt, du fährst
mich zum Fußball, und jetzt telefonierst du schon ewig." Mama
wird sauer: „Quatsch mir bitte nicht in mein Gespräch
und vor allem: Geh mir aus der Sonne!" Todsünde
Nummer eins in unserer Familie ist:
Mama in der Sonne zu stehen, wenn
die durchs Fenster scheint.
Direkt gefolgt von
Todsünde Nummer
zwei: Mama beim
Telefonieren
zu stören.

Beides gehört aber zu meinem Plan, weil es so vielleicht klappt, Mama kurz von ihrem Gespräch abzulenken.
Ich sage schnell, bevor sie mir wieder nicht zuhört: „Die Bank an der Fußballwiese steht voll in der Sonne, Mama." Mama sagt unwillig ins Telefon: „Wart mal ein Momentchen Claudia, Matteo lässt nicht locker." Das läuft nicht schlecht. Jetzt muss ich schnell meine Idee loswerden: „Mama, du und Claudia, ihr könnt doch auf der Parkbank in der Sonne weiterquatschen, während wir Fußball spielen." Mama antwortet verärgert: „Also Matteo, wir quatschen nicht, sondern planen EUER Frühlingsfest in der Schule." „Aber das könnt ihr doch auch in der Sonne auf der Parkbank machen, oder?"

Mama überlegt kurz und sagt dann ins Telefon „Claudia, weißt du was? Matteo hatte da eben eigentlich eine ganz gute Idee. Wir können doch einfach im Park auf der Sonnenbank bei der Fußballwiese weiterplanen, oder? Ja, super. Dann in einer halben Stunde."

Super, Plan geglückt. Ich kenne niemanden, der so verrückt nach Sonne ist wie meine Mutter. „Ohne Sonne bin ich schlapp wie ein ausgezogener Gummihandschuh, der in der Ecke liegt", hat Mama mal zu Papa gesagt, als der gewagt hatte, unseren allsommerlichen Familienurlaub in Neapel bei Tante Sophia in Frage zu stellen. Als Papa erwidert hatte, dass die Sonne, soweit er wüsste, die ganze Erde mit ihrer Energie beglücken würde und nicht nur ihr geliebtes Neapel, hatte Mama nur verächtlich geschnaubt und gemeint: „Dann mach ruhig mit den Kindern am Nordpol Urlaub, ich fahre so lange zu Sophia nach Neapel."

Aus dem Nordpolurlaub ist aber nichts geworden, weil wir auch alle lieber zu Tante Sophia wollten. Da hat Papa die Augen verdreht und gemeint, er gibt auf.

Sonnenenergie

Die Sonne ist seit Milliarden von Jahren der Energieversorger der Erde. Das Sonnenlicht transportiert als Energieträger ihre Energie zu uns. Fast alles Leben auf der Erde, ob an den eisigen Polen, im tropischen Regenwald, in der Wüste oder im Meer, hängt von ihrer Energie ab.

Brodeln auf der Sonne

Die Sonne ist seit Milliarden von Jahren unser Energieversorger. Sie ist ein brodelnder Gasball. Eine feste Oberfläche gibt es nicht, aber sie besteht aus verschiedenen Schichten. Das Licht der Sonne transportiert große Mengen Energie zu uns.

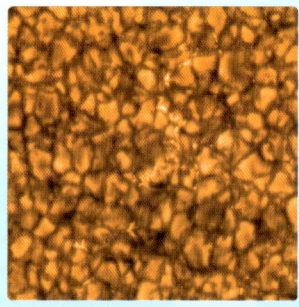

Wenn man die Oberfläche der Sonne mit einem ganz speziellen Sonnenteleskop anschaut, sieht man, dass die Sonnenoberfläche körnig aussieht. Aber wie kommt dieses Muster zustande? Das zeigt dir das folgende Experiment.

Das brauchst du

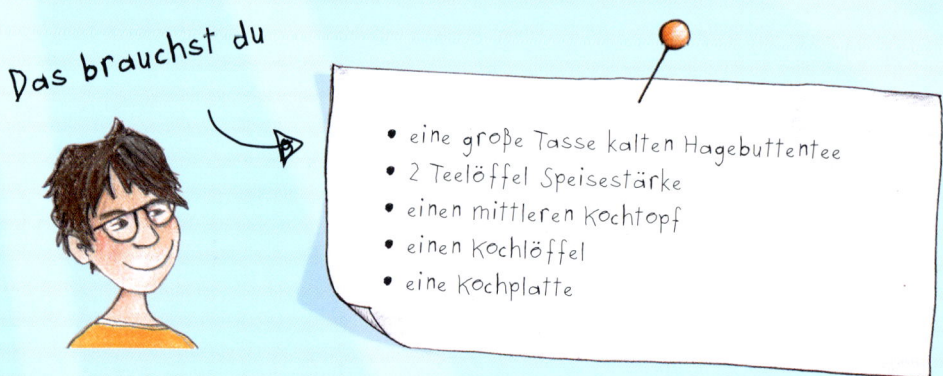

- eine große Tasse kalten Hagebuttentee
- 2 Teelöffel Speisestärke
- einen mittleren Kochtopf
- einen Kochlöffel
- eine Kochplatte

Achtung: Dieser Versuch darf nur im Beisein eines Erwachsenen durchgeführt werden!

Vorbereiten

Gieße etwas Hagebuttentee in den Kochtopf, so dass die Flüssigkeit ungefähr einen halben Zentimeter hoch (das ist so hoch, wie ein dünner Bleistift dick ist) im Topf steht. Gib nun zwei Teelöffel Speisestärke hinzu und rühre, bis keine Klümpchen mehr zu sehen sind.

Durchführen

Setze den Topf auf die Herdplatte und stelle die niedrigste Kochstufe ein. Nun beobachte genau, was passiert. Du brauchst dazu etwas Geduld!

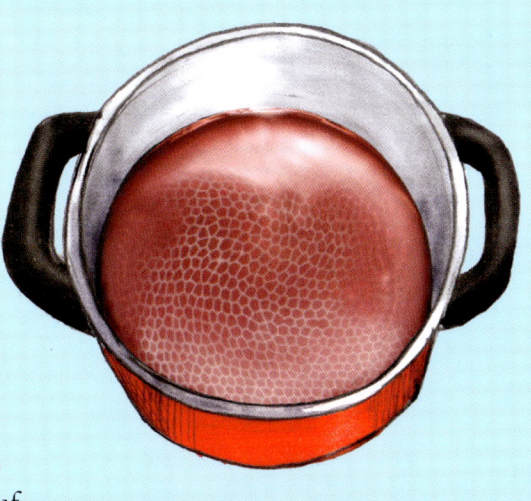

Nach einiger Zeit bildet sich ein besonderes Muster in der Flüssigkeit. Es besteht aus vielen kleinen Zellen, die am Rand etwas heller sind. Wenn der Topf zu heiß wird, löst sich das Muster wieder auf.

Vergiss nicht, die Kochplatte wieder auszustellen!

Verstehen

Wenn der Topf erwärmt wird, steigt erhitzte Flüssigkeit mit der Speisestärke aufwärts. Oben angekommen, kühlt sich die Flüssigkeit etwas ab und sinkt am Rand der Zellen wieder nach unten. Dort, wo die abgekühlte Flüssigkeit wieder nach unten sinkt, bildet sich das Muster aus.

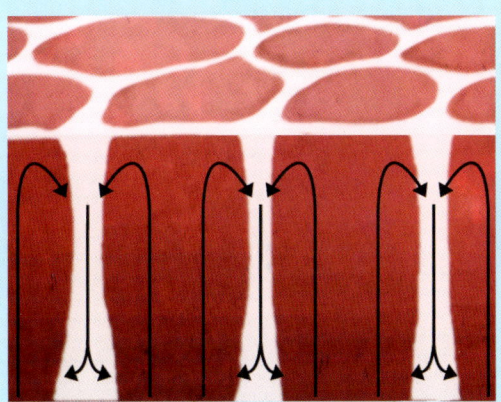

Auf der Sonne ist das auch so. Die Vorgänge dort sind also ganz schön kompliziert. Aber sie sind dafür verantwortlich, dass wir auf der Erde stets viel Energie erhalten.

Übrigens: Blicke nie durch ein Fernglas in die Sonne! Das ist sehr schädlich für die Augen!

Jungs und Tischdekoration

Wir sind im Park, und ich renne und renne über die Fußballwiese. Matteo schießt zu mir und und ruft: „Kopfball, Lola!". Ich schaffe einen Superkopfball. Alles fühlt sich so richtig gut nach Frühling an. Für Jakob wohl eher nicht. Der ist schon an den Rand zu Mama und Giulia gehumpelt. Hat sich am Fuß wehgetan, sagt er. Aber ich glaube einfach, er hat wie immer eigentlich gar keine Lust auf Fußball. Ich hätte ja lieber Matteo als Bruder. Aber das ist ungerecht, eigentlich nervt Jakob nur beim Fußballspielen. Da aber richtig, die alte Mimose.

Puh, Pause und was trinken! Giulia reicht uns eine Rolle Kekse. Wir mampfen, und ich kann mir nicht verkneifen, Jakob ein bisschen zu ärgern: „Wovon hast DU eigentlich so einen Hunger? Vom Fußballspielen ja wohl nicht." Jakob grinst nur gutmütig: „Vom Wachsen. Als ihr noch hinter eurem doofen Ball hergelaufen seid, war ich schon beim Kletterbaum. Und ich hab's geschafft." Uns ist sofort klar, was er geschafft hat. Matteo springt als erster auf und läuft los zu unserem Kletterbaum. Jakob und ich rennen hinterher. „In zehn Minuten fahren wir!", rufen Giulia und Mama uns im Chor nach.

„Hast du's echt in den Ausguck geschafft?", fragt Matteo nach einem gescheiterten Versuch, die Stelle ganz oben im Baum zu erreichen, wo drei Äste sich zu einer Art Mastkorb wie auf einem alten Piratenschiff nach oben biegen. Matteo ist enttäuscht. Und ehrlich gesagt bin ich auch ziemlich neidisch, weil ich schon gehofft hatte, als erste hoch zu kommen. „Klar, ich zeig's euch", sagt Jakob stolz und schafft es tatsächlich. Jetzt bin ich dran. Letzten Herbst hat nur ein winziges Bisschen gefehlt, damit ich mich hochziehen konnte.

Und diesmal klappt's. Klasse, man sieht ziemlich weit. Giulia und Mama zum Beispiel, die gerade in Richtung Baum kommen. „Feind in Sicht", rufe ich zu Matteo und Jakob, die in den unteren Ästen rumklettern. Matteo meint mürrisch: „Komm runter, Lola, lasst uns gehen, die zehn Minuten sind eh rum, sonst ist Mama sauer." „Ärger dich nicht", tröstet ihn Jakob, „im Sommer packst du's locker." Und da finde ich Jakob wieder schrecklich nett.

Giulia sieht aber kein bisschen
sauer aus, und auch meine Mutter
sagt nicht wie sonst: „Das sind aber die
zwanzigminütigsten zehn Minuten, die ich je
erlebt habe", sondern verkündet zufrieden:
„Wir haben das Frühlingsfest super durch-
geplant, alles bestens organisiert." An unserer
Schule gibt's nämlich jedes Jahr mitten
im Frühling ein Fest, für das alle
Schüler, Eltern und Lehrer
etwas vorbereiten. „Matteo, wir
beide sind für die Tischdekoration zuständig", sagt
Giulia. Ich kichere und werfe einen Seitenblick auf
Matteo, der gar nicht
begeistert aussieht.

Jungs und Tischdekoration, auf so was können
auch nur Giulia Santaniello und Claudia Hupfeld
kommen ...

Als die beiden aber erzählen, was sie sich ausgedacht haben,
guckt Matteo nicht mehr so geknickt. Er darf nämlich
zu Hause auf den Fensterbänken in ganz vielen Schälchen Kresse aussäen. Die wächst irre schnell und soll
dann auf alle Tische verteilt werden. „Och", sage ich", können
wir das nicht machen, Mama?"„Wir haben einfach die längeren
Fensterbänke", meint Giulia lachend, „aber du kannst ja kommen
und mit Matteo gießen. Und dann könnt ihr stundenlang
zugucken, wie die Kresse dem Licht entgegen wächst."
Matteo und ich verdrehen die Augen. Manchmal
muss man sich echt fragen, für wie blöd einen
die eigenen Eltern halten. Als ob wir uns hin-
setzen und der Kresse beim Wachsen zugucken.

Sonnenkraftwerk Pflanze

Wenn wir Hunger bekommen, sagt uns unser Körper nichts anderes als „Gib mir Nahrung, ich brauche Energie!" Dann gehen wir einkaufen, damit wir etwas zu essen haben. Eine Pflanze jedoch kann das nicht. Sie muss ihre Nahrung an dem Platz, an dem sie steht, selbst herstellen. Doch wie geht das?

Das brauchst du

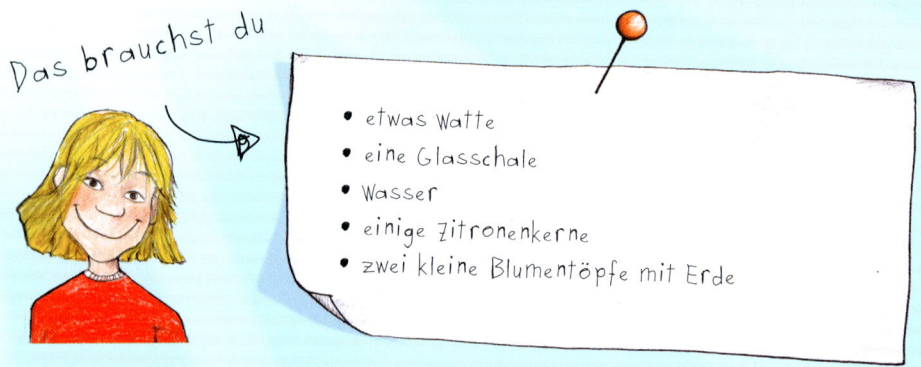

- etwas Watte
- eine Glasschale
- Wasser
- einige Zitronenkerne
- zwei kleine Blumentöpfe mit Erde

Vorbereiten

Fülle etwas Wasser in das Glasschälchen und lege die Watte hinein. Nach kurzer Zeit hat sie sich mit Wasser vollgesaugt.

Durchführen

Lege nun mehrere Zitronenkerne auf den Wattebausch. Stelle das Schälchen mehrere Tage an einen hellen, aber nicht zu heißen Ort. Jetzt brauchst du einige Tage Geduld. Die Watte nimmt aus dem Schälchen gleichmäßig Wasser auf und hält die Kerne leicht feucht.

Nach wenigen Tagen kannst du sehen, dass die Kerne zu keimen beginnen. Es bilden sich jeweils ein kleines Blatt und eine Wurzel, die Wasser aus der Watte aufnimmt.

Pflanze nun die kleinen Pflänzchen vorsichtig in die Blumentöpfe ein. Die Erde musst du ab jetzt immer leicht feucht halten. Stelle eine Pflanze in das Sonnenlicht, die andere an einen dunklen Ort (zum Beispiel unter einen Pappkarton). Beobachte über ein paar Tage hinweg, was geschieht.

Verstehen

Nach einigen Tagen wirst du feststellen, dass die Pflanze, die viel Sonnenlicht ausgesetzt war, prächtig weitergewachsen ist. Die Pflanze im Dunkeln hat sich aber nicht weiterentwickelt und ist vielleicht sogar gelb geworden.

Pflanzen benötigen nämlich Sonnenlicht. Mit Wasser und Kohlendioxid (das ist ein Gas, das die Pflanze aus der Luft entnimmt), stellen sie Traubenzucker her. Der Zucker wird zum Aufbau von neuen Pflanzenzellen genutzt. Die Energie, die für diesen Vorgang erforderlich ist, bekommt jede Pflanze direkt von der Sonne!

17

Langeweile und Lichtpunkte

Gleich schlaf ich bestimmt ein. Die Sorte Textaufgabe kauen wir jetzt schon zum hundertsten Mal durch. Frau Frings kapiert einfach nicht, wie langweilig das ist. „Pauline und Lola, hört mal auf zu quatschen", hat sie gesagt und mich von Lola weggesetzt.

Selbst meine neue Uhr macht mir keine Hoffnung, dass die Stunde gleich vorbei ist. Die Uhr hat mir Papas Schwester Regine geschickt. Einfach so zwischendurch, ohne dass ich Geburtstag hatte. Weil sie in Spanien wohnt und uns nur so selten sehen kann, hat sie gemeint. Die Uhr hat einen rot-gelben Rand und innen einen kleinen Stier. Das steht für Spanien, hat meine Tante erklärt. Na, jedenfalls zeigt meine Uhr, dass es noch eine quälend lange Viertelstunde bis zur Pause ist. Wenigsten kann man hier aus dem Fenster gucken. Die Sonne scheint rein, und gleich in der Pause bin ich mit Lola verabredet. Was ist das denn?

An der Wand neben mir tanzt ein heller, runder Lichtpunkt. Als ich still sitzen bleibe, um den Punkt zu beobachten, bleibt er stehen. Komisch. Ich reibe mir meine Augen, und da tanzt er wieder. Der Punkt hat wohl mit mir zu tun. Ich bewege ein bisschen meine Arme, und plötzlich ist mir alles klar. Meine neue Uhr macht den Punkt. Wenn ich sie in die Sonne halte, bewirkt sie, dass ein Lichtpunkt durchs Zimmer tanzt, sobald ich meinen Arm bewege.

Mal sehen, ob ich den Punkt steuern kann. Das klappt richtig gut. Vielleicht kann ich Lola damit treffen. Geht leider nicht.

Bis zu Lolas Seite kriege ich den Lichtpunkt nicht geworfen. Ich mache ihr ein Zeichen, aber sie kapiert nicht, was ich meine. Mist, statt dessen schaut Frau Frings hoch, als ich es schaffe, das Licht in ihr Gesicht zu lenken. Schnell zucke ich weg, aber zu spät. Sie hat schon gemerkt, dass ich das war, die sie geblendet hat. Das gibt bestimmt Ärger.

Manchmal ist Frau Frings klasse. Statt mich wegen der Blenderei mit dem Lichtpunkt anzumeckern sagt sie: „Jetzt hören wir mal auf mit Mathe, und Pauline zeigt uns, was sie da eben gemacht hat. Das ist für uns alle interessant." Da bin ich ganz schön platt. Aber als klar ist, dass Frau Frings überhaupt nicht sauer auf mich ist, erzähle ich, wie ich das eben mit meiner Uhr und dem Lichtpunkt entdeckt habe. Und ich darf Frau Frings ganz ohne Ärger blenden, um zu zeigen, wie's funktioniert. Sie erklärt uns dann, dass man mit glänzenden Flächen wie Spiegeln Licht einfangen und woanders hin lenken kann. Und mein Uhrenglas, das glänzt ja auch.

Morgen bringt Frau Frings alles für einen Versuch mit, der zeigt, wie man mit einer speziellen Art Spiegel ein Sonnenkraftwerk bauen kann. Dann machen wir morgen also nicht nur Textaufgaben. Danke Tante Regine, die Uhr ist echt super!

Ein Sonnenkraftwerk bauen

Lauter Spiegel, die im Sonnenlicht stehen. Was hat es damit auf sich? Kaum zu glauben, aber das ist ein riesiges Kraftwerk, in dem aus Sonnenlicht viel Hitze erzeugt wird.

Willst du ein solches Sonnenkraftwerk im Kleinen nachbauen? Dafür brauchst du etwas Geschick, ein bisschen Geduld und einen Erwachsenen, der dich unterstützt.

Das brauchst du

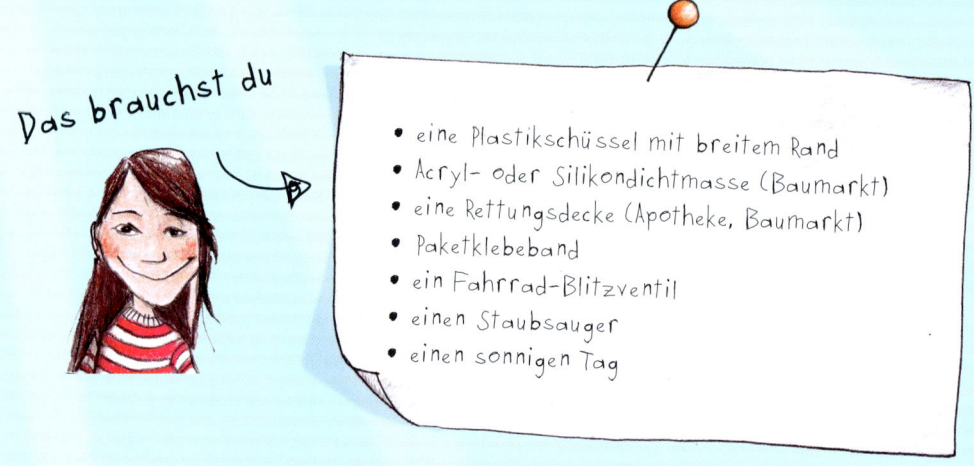

- eine Plastikschüssel mit breitem Rand
- Acryl- oder Silikondichtmasse (Baumarkt)
- eine Rettungsdecke (Apotheke, Baumarkt)
- Paketklebeband
- ein Fahrrad-Blitzventil
- einen Staubsauger
- einen sonnigen Tag

Vorbereiten

Breite die Rettungsdecke flach aus und stelle die Salatschüssel umgedreht darauf. Die goldfarbene Seite ist oben. Schneide aus der Folie nun ein großes kreisrundes Stück aus. Es muss größer sein als die Schüssel, so dass die Folie eine Hand breit über dem Rand der Schüssel steht.

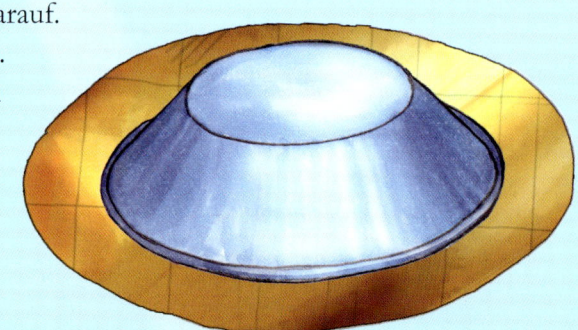

Stell die Schüssel richtig herum und trage auf ihren Rand lückenlos die Dichtmasse auf. Drehe die Schüssel anschließend wieder um und drücke sie – wie in der Abbildung zu sehen ist – fest auf die Folie. Beschwere die Schüssel mit ein paar Büchern und lasse den Kleber einen Tag lang fest werden.

Schlage am nächsten Tag den Rand rundherum um und klebe ihn mit Paketklebestreifen an der Schüssel fest.

Ein Erwachsener soll nun mit einer Bohrmaschine ein 5 mm großes Loch in die Schüssel bohren. Dabei darf die Folie aber nicht verletzt werden. In das Loch drehst du das Fahrradventil so ein, dass das Gewinde nach innen zeigt. Eine Zange hilft dir beim Eindrehen. Nun saugst du vorsichtig mit einem Staubsauger die Luft durch das Ventil nach außen. Nähere dazu den Staubsaugerschlauch an das Ventil an. Beobachte, wie sich die silbern glänzende Seite nach innen wölbt. Achte darauf, dass die Wölbung nicht stärker ausfällt, als du hier in der Abbildung sehen kannst.

Durchführen

Halte nun die glänzende Seite in das Sonnenlicht und deine Hand davor. Bewege deine Hand vor und zurück. Gibt es einen Punkt, wo du besonders viel Wärme spürst?

Etwa eine Armlänge vor der gewölbten Folie wird das Sonnenlicht auf einem großen Fleck konzentriert. Man spürt, dass dort viel Wärme entsteht.

Verstehen

Eine glänzende, gewölbte Fläche spiegelt das Licht so, dass ein so genannter Brennpunkt entsteht. Dort wird das ganze Licht, das auf die Spiegeloberfläche fällt, gesammelt.

Regentag und Roboter

Mama räumt in der Wohnung rum und schiebt schlechte Laune. Wir hatten einen Sonntagsausflug in den Zoo geplant, und jetzt regnet's in Strömen. Ich finde es gar nicht so schlimm, mal zu Hause rumfaulenzen zu können. Ich bin nämlich dabei, für mein ferngesteuertes Rennauto einen Hindernis-Parcours im Flur aufzubauen. Dafür ist unser Endlosflur echt spitze. Meine kleinen Schwestern wollen unbedingt mitspielen, aber das geht auf keinen Fall, sie machen einfach immer alles kaputt. Natürlich heulen sie los, weil ich sie nicht mitmachen lasse. Papa hat sich hinter seine Zeitung verzogen und hofft wohl, dass der Regen, Mamas miese Laune und das Gebrüll von Luna und Selina wie durch ein Wunder plötzlich aufhören. Mama faucht ihn an, dass er sich ruhig mal um seine Töchter kümmern könnte, statt einfach rumzusitzen. „Ich sitze nicht rum, ich lese Zeitung, Giulia", verteidigt sich Papa. „Und ich, wann kann ich mal Zeitung lesen?", fragt sie böse und knallt mit der Küchentür. Mann o Mann, Mama muss sich wohl sehr auf den Zoo gefreut haben, wenn sie jetzt so sauer ist.

Das heulende Schwestern-Problem ist erstmal gelöst. Luna habe ich als Brücke in den Renn-Parcours eingebaut und Selina als Hindernis, weil sie es noch nicht schafft, als Brücke knien zu bleiben. Jetzt kreischen sie jedes Mal glücklich, wenn ich mit dem Auto auf sie zu steuere. „Matteo", sagt

Mama und lächelt mir zu, „du bist eine echte Stütze. Ganz im Gegensatz zu deinem unnützen Vater", ruft sie extralaut ins Wohnzimmer. Da kommt Papa aber auch schon aus dem Wohnzimmer und nimmt Mama fest in den Arm. „Giulia, mein Schatz, was kann dein unnützer Mann deiner armen verregneten italienischen Seele denn Gutes tun, damit bei dir wieder die Sonne aufgeht?", fragt er und Mama kichert völlig unvermittelt in Papas Arm los. „Schrecklich, oder?", fragt sie, und ich bin nicht ganz sicher, ob sie jetzt weint oder lacht, „nur weil die Sonne nicht scheint, bin ich unglücklich und vermiese euch allen den Tag."

In dem Moment streikt mein Auto, „So ein Mist", fluche ich, „Batterien leer." Eigentlich weiß ich schon seit letztem Mal, als ich mit dem Auto gespielt habe, dass die Batterien der Fernsteuerung bald schlapp machen würden. „Du sollst nicht fluchen, verdammt noch mal", sagt Papa, wie er es immer macht, wenn einer von uns flucht. Das findet er wohl witzig. „Ach, Manno", sage ich, „die Batterien sind leer, und wir haben vergessen neue zu kaufen! Jetzt ist der ganze Tag im Eimer!" „Siehst du, mein Schatz", sagt Mama und streicht mir übers Haar, „genauso geht's mir heute: Batterie leer, Tag vermiest. Mein Sohn versteht mich." Wir alle starren auf meinen tollen, aber leider nutzlos gewordenen Parcours und meine Schwestern gucken erwartungsvoll zurück. Sie wollen jetzt wieder von einem Auto angefahren werden.

Genau in diesem Moment fällt durchs Wohnzimmerfenster der erste Sonnenstrahl des Tages. „Ah, da kommt meine Batterieaufladung", sagt Mama und hüpft erst über meine Schwester Luna, um dann wie ein aufgescheuchtes Huhn um Selina herumzurennen. „Mama, du musst unter Luna durchkriechen", sage ich, „sie ist eine Brücke, kein Hindernis." Papa winkt mir verschwörerisch zu: „Matteo", sagt er grinsend, „los, wir schnappen uns die Mädels und hauen ab. Ich glaube, ich habe aus Versehen einen solarbetriebenen italienischen Roboter geheiratet."

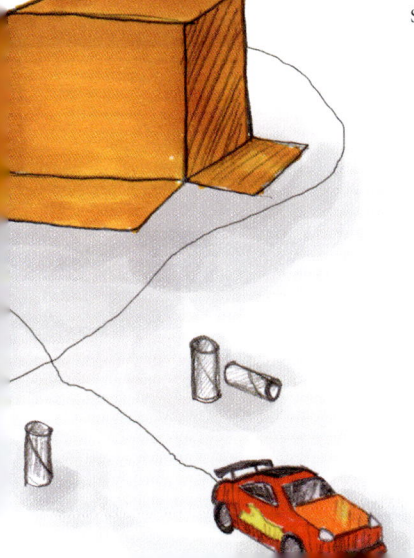

Strom von der Sonne

Es kann vorkommen, dass man Strom an einem Ort braucht, an dem es keine Stromleitung und damit auch keine Steckdose gibt, im Gebirge oder an der Autobahn zum Beispiel. Dort, aber auch auf Hausdächern, sieht man oft große blaue Tafeln, die zur Sonne gerichtet sind. Was steckt dahinter?

Das brauchst du

- ein Solar-Demo-Set (oder Solar-Experimentierset), bestehend aus einer Solarzelle und einem Solar-motor (Elektronikgeschäft oder Internet)

Vorbereiten

Wenn das Solarzellen-Set einen kleinen Propeller enthält, stecke ihn zuerst auf die Achse des Motors. Mit dem Propeller siehst du besser, wann der Motor läuft. Hast du keinen Propeller, klebe einfach ein Stück Klebeband an die Motorachse, damit du die Drehung besser erkennen kannst.

Achse   oder   Achse

Verbinde jetzt die beiden Kabel der Solarzelle (meist ein schwarzes und ein rotes) mit den beiden Anschlüssen des Motors.

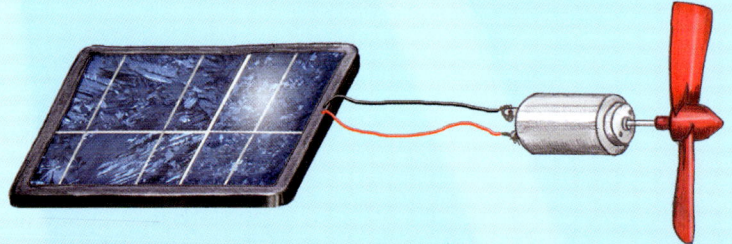

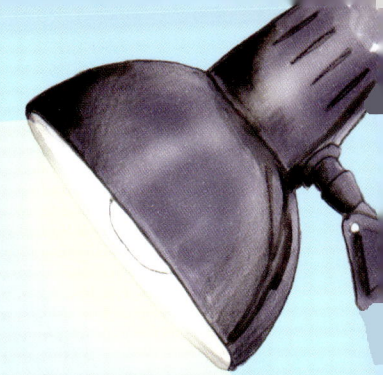

Durchführen

Halte die Solarzelle nun in die Sonne oder
in die Nähe einer starken Lampe. Was geschieht?

Verstehen

Eine Solarzelle wandelt Lichtenergie direkt in elektrische Energie um.
Wenn genügend Licht vorhanden ist, erzeugt die Solarzelle einen elektrischen Strom. Dieser Strom sorgt dafür, dass sich der kleine Elektro-
motor zu drehen beginnt. Und was hier im Kleinen mit deinem
Solarmotor funktioniert, klappt auch im Großen. Im Gebirge
werden Hütten auf diese Weise mit Strom versorgt, weil es zu
kostspielig wäre, dorthin eine Stromleitung zu verlegen.
Und Hinweisschilder an der Autobahn, die auf
Staus hinweisen, bekommen ihre Energie
durch große Solarzellen.

Weiterforschen

Du kannst noch mehr Versuche mit
der Solarzelle machen: Decke doch
mal einen Teil der Solarzelle ab, wenn
sie dem Sonnenlicht ausgesetzt ist.
Oder drehe die Solarzelle langsam
von der Sonne weg. Beobachte, was
dann jeweils geschieht.

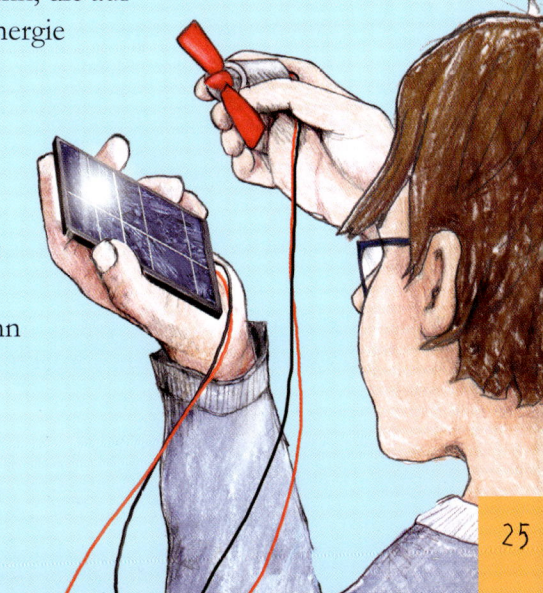

Haarsträubende Geheimpläne

Papa hat Lola und mich gefragt, ob wir mit ihm zusammen eine Überraschungsparty für Mamas Geburtstag vorbereiten wollen. Klar wollen wir! Deshalb treffen wir uns heimlich nachmittags mit Papa in unserer kalt geliebten Blauen Lagune. Lola hat mal gesagt, dass man ein Eiscafé nicht heiß lieben kann, weil Eis ja kalt ist. Seitdem sagen Mama, Papa, Lola und ich „unsere kalt geliebte Blaue Lagune".

Lola hat einen Block und Stifte mitgebracht, damit wir eine Liste machen können. „Zuerst müssen wir überlegen, wen wir einladen", sagt Papa. „Einladen", schreibt Lola. Wir zählen alle auf, die uns einfallen, und das sind am Schluss über 30 Leute. „Wir fragen einfach Oma, ob sie auch Kuchen bäckt", schlägt Lola vor. Das ist, finde ich, eine Superidee, weil wir so viel Kuchen ja nicht heimlich backen können und der Kuchen von Oma sowieso am besten schmeckt. Wir überlegen und überlegen, und die Liste wird immer länger. „Puh, ganz schön viel zu erledigen", seufze ich. „Stimmt, Jakob", sagt Papa, „und wir brauchen noch irgendwas ganz Besonderes! Bis jetzt haben wir nur Essen und Trinken." „Ganz klar", sagt Lola, „Feuerwerk!" Mama liebt Feuerwerk. „Superidee", finde ich. Aber Papa sagt, dass er keine Ahnung hat, wo er mitten im Jahr Feuerwerk herbekommen soll. „Dann halt Dekoration!", schlägt Lola vor, „wir müssen die Wohnung besonders schön schmücken." Also landen noch Krepppapierstreifen zum Girlanden basteln auf der Liste. „Und Luftballons", sage ich. „Wisst ihr noch, wie wir an eurem letzten Geburtstag die Luftballons in die Eingangstür gehängt haben", fragt Papa und ich muss sofort lachen, weil es so lustig war, als Oma und Opa beim Verabschieden unter den Ballons gestanden haben.

Oma hat in der Tür noch ewig mit Mama geredet und dabei mit dem Kopf genickt, wie sie es immer macht. „Omas Haare und der Ballon", prustet Lola und hält ihre Hände so weit über ihren Kopf, wie hoch Omas Haare gestanden haben, als sie vom Luftballon magisch angezogen wurden. Ich verstelle meine Stimme und sage wie Oma: „Was lacht ihr denn so, Kinder?" Wir kringeln uns vor Lachen.

„Ja, das frage ich mich auch: Was gibt's denn so Lustiges mit Ballons?", fragt plötzlich Mamas Stimme von der Tür her. Wir verstummen schlagartig. „Äh, hallo, Claudia", sagt Papa und macht total auffällig hektische Bewegungen zu Lola rüber, „was machst du denn hier?" Lola stopft schnell die Geheim-Liste in ihren Rucksack. Warum tauchen Mütter eigentlich mit Vorliebe dann auf, wenn man sie am wenigsten braucht?

„Fandet ihr, ich hab kein Eis verdient, wenn ich von der Arbeit komme?", fragt Mama gespielt beleidigt. „Nein, äh, Quatsch, ich meine natürlich ja, klar", fängt Papa an, und man sieht richtig, wie sein Hirn auf Hochtouren nach einer guten Ausrede sucht. Wir warten nämlich sonst immer, bis Mama von der Arbeit kommt. „Wir mussten noch besprechen, was ..., wie ... Heißluftballons funktionieren." Ich nicke: „Eine Hausaufgabe vom Kretschmer, echt schwer", lüge ich mit. „Und das ging nicht zu Hause?", fragt Mama zweifelnd. Papa hat die Lage offensichtlich wieder im Griff, denn er antwortet ohne zu stottern: „Nein, das ging auf keinen Fall. Heißluftballone sind ganz schön kompliziert. Und du sagst doch selbst immer, dass man bei besonders großen Herausforderungen einen kühlen Kopf bewahren muss. Und wo könnte man das besser..." „...als in der kalt geliebten Blauen Lagune!", sagt Mama und lacht, „euch fällt aber auch immer eine Ausrede zum Eisessen ein!"

Ballons unter Hochspannung

Du hast vielleicht schon beobachtet, dass manche Kunststoffoberflächen besonders viel Staub anziehen, Fernseher zum Beispiel. Das liegt an ihrer Ladung – und an der Ladung der Teilchen, die sie anziehen. Wie das kommt, zeigt dieser Versuch.

Das brauchst du

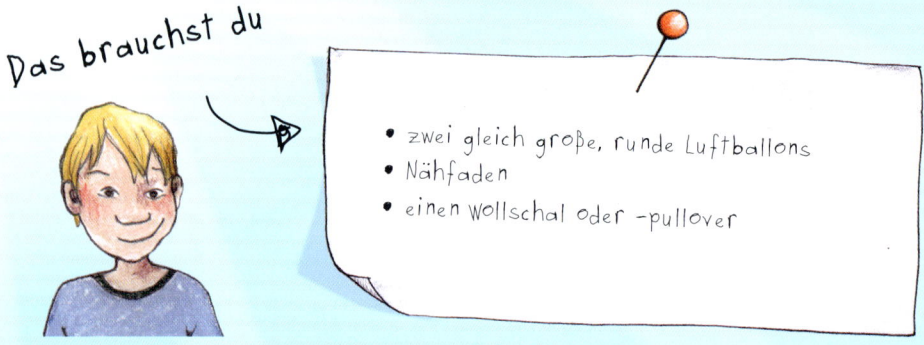

- zwei gleich große, runde Luftballons
- Nähfaden
- einen Wollschal oder -pullover

Vorbereiten

Blase zuerst die beiden Luftballons voll auf, so dass sie etwa gleich groß sind. Binde die beiden Ballons an die beiden Enden eines circa 2 m langen Nähfadens. Nun müssen die beiden Ballons so aufgehängt werden, dass sie auf gleicher Höhe sind. Ein Erwachsener soll dir dabei helfen. Am besten klebt ihr die Ballons in einen Türrahmen.

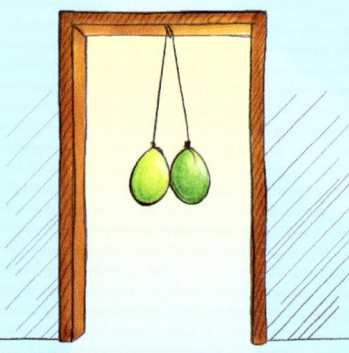

Durchführen

Reibe kräftig beide Ballons mit dem Wollschal oder -pullover ab. Beobachte was geschieht, wenn du sie nun loslässt. Wie lange bleiben die Ballons in dieser Stellung?

Probiere aus, was passiert, wenn du mit einer Hand langsam in die Nähe eines Ballons kommst. Schaue auch nach, wie der andere Ballon reagiert, wenn du mit der Hand näher kommst.

Verstehen

Durch Reiben mit dem Wollschal oder -pullover hast du die Ballons elektrisch aufgeladen. Du konntest feststellen, dass sich die Ballons gegenseitig abgestoßen haben. Von deiner Hand bzw. deinem Körper wurden die Ballons angezogen. Das kommt daher, dass es zwei verschiedene Formen von Ladungen gibt, die negative und die positive. Eine Aufladung entsteht, wenn man kleine Teilchen im Material verschiebt. Diese Teilchen werden Elektronen genannt. Sie sind negativ geladen.

positive Ladung

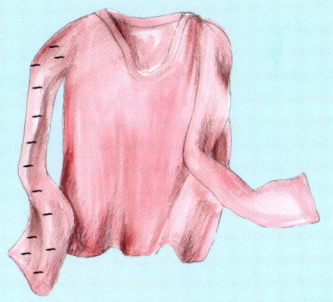

negative Ladung

In unserem Beispiel wurden Elektronen des Ballons durch Reiben auf den Wollstoff verschoben. Die Elektronen, die jetzt auf dem Wollstoff zu viel sind, bewirken, dass der Stoff negativ geladen ist. Da nun diese Elektronen auf den Ballons fehlen, sind sie positiv geladen.

Du kannst erkennen, dass sich die ungleichen Ladungen (negative im Wollstoff und positive in den Ballons) gegenseitig anziehen. Die Ballons jedoch stoßen sich gegenseitig ab, weil beide die gleiche Art Ladung besitzen.

Weiterforschen

Wenn du noch mehr herausfinden willst, kannst du auch andere Materialien in die Nähe der geladenen Ballons bringen, zum Beispiel kleine Papierschnitzel oder Styroporstückchen. Oder halte einen geladenen Ballon einmal in die Nähe eines ganz feinen Wasserstrahls. Du wirst dich wundern!

Ladung aller Arten

„Noch sieben Minuten!", ruft Papa. Ich platze fast vor Aufregung! Gleich kommt Mama von der Arbeit, und dann geht unsere Überraschungsparty für sie los. „Alle müssen pünktlich eine Viertelstunde, bevor Claudia von der Arbeit kommt, da sein!", hat Papa jedem Gast am Telefon erklärt. Und jetzt tigert er im Flur auf und ab und wartet auf Mamas beste Freundin Tina. Jakob fährt unten vor der Haustür völlig unauffällig mit dem Fahrrad rum. Die anderen Gäste warten nur auf sein Klingelzeichen, um blitzschnell ins Kinderzimmer zu verschwinden, die Tür hinter sich zuzumachen und mucksmäuschenstill zu sein. Aber wenn Mama Tina auf der Straße oder vor unserer Tür sieht, ist die ganze Überraschung vermasselt. Noch fünf Minuten.

Es klingelt. „Sie kommt!", kreischt jemand. Alle quetschen sich ins Kinderzimmer. Oma kichert neben mir und sagt, dass sie, obwohl sie 71 ist, noch nie bei einer Überraschungsparty mitgemacht hat. „Psst!", zischt Opa. „Haben alle die Tröten?", ruft Papa. Alle nicken und bemühen sich leise zu sein, aber so richtig still ist es irgendwie doch nicht, wenn so viele Leute versuchen, keinen Lärm zu machen. Etwas knallt laut zu Boden. „Hans, pass doch auf", flüstert Oma Opa zu, der mit seinem Ärmel Jakobs Messgerät für elektrostatische Ladung vom Regal gefegt hat. Hoffentlich ist es heile geblieben. Jakob ist nämlich ganz schön stolz darauf. Er hat es gestern erst aus einem Schraubglas in der Natur-AG gebastelt. Opa versucht nach dem Glas zu angeln, aber es rollt nur weiter über den Boden und macht dabei einen unglaublichen Krach, bevor es endlich auf der Türschwelle liegen bleibt! „Psst Opi", flüstere ich, „gleich ist sie oben!"

„Tina, wie schön dass du auch schon da bist!", höre ich Papa im Flur sauer sagen. Oma hat aber offensichtlich nicht gehört, dass es gar nicht Mama, sondern Tina ist, und bläst begeistert in ihre Partytröte. Opa, der sowieso schlecht hört, stimmt sofort mit ein, und unsicher, was sie tun sollen, tuten die anderen Gäste einfach mit. Das Ohren betäubende Getröte hält noch an, als Tina ihren Kopf zur Kinderzimmertür reinsteckt und ruft: „Na, das ist ja mal eine großartige Begrüßung!" „Hört doch mal

auf", rufe ich, „das ist doch nur Tina". „Was heißt denn hier NUR Tina",
sagt Tina fröhlich, „ich dachte, ihr freut euch, mich zu sehen!" Papa
schiebt Tina ungeduldig an Jakobs Schraubglas vorbei zu uns ins Zimmer: „Jetzt schnell rein hier. Claudia kann jede Sekunde kommen."

Leider kriegt im allgemeinen Gelächter und Getute keiner mit,
dass Mama und Jakob schon längst im Flur stehen. Aber dann
hören wir Jakob hilflos sagen: „Äh, Mama, warte doch mal
einen Moment!" Papa macht einen großen Schritt in
Richtung Tür und stolpert über Jakobs Ladungsmess-
gerät. Er fällt Mama genau in die Arme, die gerade
durch die Kinderzimmertür guckt und: „Eine
Überraschungsparty, wie nett!" ruft. „Bravo
Geburtstagskind!", ruft Opa und fängt begeistert an, Happy Birthday zu singen.

Mama freut sich dumm und dusselig
über ihre Überraschungsparty. „War
doch gar keine echte Überraschung",
brummelt Papa und reibt sich seinen
Knöchel. „Verflixt noch mal. Ich bin
vielleicht geladen, dass Tina da so läs-
sig reinspaziert kommt und die ganze
Überraschung vermasselt." „Weißt
du was, Papa?", sagt Jakob und hebt
sein wie durch ein Wunder heil ge-
bliebenes Schraubglas auf, „ich bin
fast sicher, dass mein Ladungsmess-
gerät maximalen Ausschlag hatte, als
du es gerade mit dem Fuß berührt
hast!" Mama lacht und nimmt Papa
in den Arm: „Du kannst dich jetzt
wieder entladen. Das hier ist so oder
so die tollste Überraschung, die ich
mir vorstellen kann!"

Ladungsdetektiv

Zu Hause brauchst du viel Energie, z. B. zum Lichtmachen und für den Kühlschrank. Die Energie dafür wird mit dem elektrischen Strom zu dir transportiert. Elektrischer Strom besteht aus kleinen Teilchen, die man auch Ladungen nennt. Ladungen gibt es aber nicht nur in Elektrokabeln, sondern auch auf der Oberfläche von ganz anderen Materialien. Mit diesem Experiment kannst du solchen Ladungen auf die Spur kommen.

Das brauchst du

- ein gut ausgespültes und getrocknetes leeres Honigglas mit Kunststoffdeckel (kein Metall!)
- eine Büroklammer
- Alleskleber
- etwas Butterbrotpapier
- einen Kunststofflöffel (z.B. vom Salatbesteck)
- einen Wollschal oder –pullover
- eine Kerze und Streichhölzer

Vorbereiten

Markiere mit einem Bleistift die Mitte des Kunststoffdeckels. Biege die Büroklammer auf und forme sie, wie im Bild zu sehen ist.

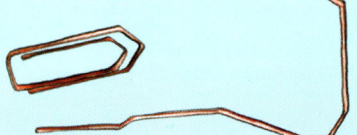

Achtung: Lass dir beim folgenden Schritt unbedingt von einem Erwachsenen helfen!

Halte das lange Endstück des Drahtes etwa eine halbe Minute in die Kerzenflamme. Stich nun mit dem erhitzten Ende genau in die Mitte des Kunststoffdeckels ein Loch. Lasse den Draht jetzt etwas abkühlen. Schiebe den Draht (siehe Bild) durch das Loch und klebe ihn mit mit ein paar Tropfen Alleskleber von oben auf dem Deckel fest.

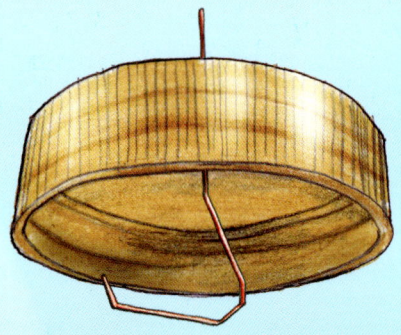

Schneide einen schmalen Streifen des Butterbrotpapiers ab (etwa so lang und breit wie dein Zeigefinger) und falte ihn in der Mitte. Nun kannst du ihn über den Draht hängen und den Deckel vorsichtig auf das Glas schrauben. Achte darauf, dass das Glas innen ganz trocken ist.

Beachte: Dieser Versuch funktioniert besonders gut, wenn die Luft trocken ist! Es darf also draußen nicht gerade regnen oder schwül sein. Am besten klappt es an ganz kalten Wintertagen.

Durchführen

Mit dem Wollschal oder -pullover reibst du nun kräftig den Kunststofflöffel. Führe dann den Löffel vorsichtig an das obere Drahtende heran und beobachte, was mit dem Papierstreifen geschieht. Du wirst sehen, dass die beiden Enden des Papierstreifens auseinanderstreben, wenn der Löffel den Draht berührt hat. Sie gehen erst nach einiger Zeit wieder zusammen. Wenn du mit dem Finger an den Draht kommst, gehen die Enden sofort zusammen. Woran mag das liegen?

Verstehen

Beim Reiben mit dem Wollstoff entsteht Elektrizität. Dabei werden elektrische Ladungen von der Wolle aufgenommen. Die übrigen Ladungen auf dem Papierstreifen stoßen sich gegenseitig ab (das ist im Prinzip wie bei Magneten), so dass sich die beiden Seiten des Papiers voneinander fortbewegen. Je stärker die Ladung ist, desto weiter streben die beiden Seiten auseinander.Wenn du mit dem Finger an den Draht kommst, fließen Ladungen wieder zurück auf den Papierstreifen und gleichen die Ladung aus. Daher gibt es jetzt keine Abstoßung mehr zwischen den beiden Papierhälften, und sie gehen wieder zusammen.

Kreise und Kurzschlüsse

Heute ist die Generalprobe von unserem Tanzprojekt. Zum ersten Mal mit Kostümen und Licht in der Aula. „Wenn geht etwas schief, ihr einfach machen weiter", sagt Christine zum hundertsten Mal. „Die Schneeflöckchen hinter die rechte Vorhang", scheucht sie uns gerade hinter die Bühne. Christine ist unsere Tanzlehrerin und spricht ein bisschen komisch, aber das ist ja normal, weil sie noch nicht so lange in Deutschland lebt. Trotzdem ist es oft ziemlich lustig. Lola und ich kichern. „Komm hinter die Vorhang, du sußes Schneeflöckchen", flüstert Lola, aber Christine hat's leider gehört: „Ihr sollt nicht machen Witze. Konzentration, meine Damen, Konzentration." Christine bringt noch die bunten Überwürfe hinter den Vorhang, die wir später einfach über unsere weißen Schneeflöckchenkostüme ziehen, bevor wir als Frühlingsfeen wieder auf die Bühne hüpfen und Radschlag quer über die Bühne machen.

Ich bin echt nervös. Ich kann den ganzen Schneeflöckchenteil zwar ganz gut, aber gestern bin ich beim Radschlagen total von der Bahn abgekommen und hab zweimal Kim getroffen, die natürlich sofort geheult hat und zu Christine gerannt ist. „Ach Quatsch, du machst das super", sagt Lola. Die hat gut reden, schließlich macht sie den besten Radschlag von der ganzen Schule. „Antonia, bist du fertig mit die Vorbereitung für die Licht?", fragt Christine. Antonia hat sich das Bein verstaucht, die Arme, und darf nicht mittanzen. Und sie hatte eine von den Hauptrollen. Da sind wir auf die Idee gekommen, dass sie doch wenigstens das Licht für die Bühne bedienen soll, damit sie trotzdem mitmachen kann. „Ja, alles klar!", ruft Antonia. „Alle in Position, und jetzt bitte Konzentration, meine Damen!", sagt Christine und geht zur Musikanlage. „Habe ich schon gesagt, dass wenn geht etwas schief, ihr einfach machen weiter?" Alle kichern und Lola ruft: „Erst ein paar hundert Mal!" Christine lacht und sagt: „Lachen über die Lehrer ist strengstens verboten!". Dann drückt sie den Startknopf, und die Anfangsmusik schallt laut durch die Aula.

Lola rempelt mich leicht an und flüstert: „'tschuldigung, süßes Schneeflockchen!" Ich wirbele so knapp am Bühnenrand vorbei, dass ich vor Kichern fast runterfalle, aber zum Glück nur fast. Den Witz haben wir schon so oft gemacht, aber ich muss jedes Mal wieder so darüber lachen, dass meine Beine ganz schwach werden. Deshalb verpasse ich fast den Moment, in dem wir uns Stück für Stück zu einem Kreis zusammen finden müssen, der sich erst langsam und dann immer schneller dreht. Lola ist die letzte, die in den Kreis kommt, und dann soll schlagartig das allgemeine Bühnenlicht ausgehen und nur ein blauer Scheinwerfer den Kreis beleuchten. „Peng", hatte Christine es Antonia bei der Lichtprobe erklärt, „auf eine Schlag geht der blaue Licht an und der andere aus, wenn die letzte Tänzerin in die Kreis ist getanzt. Wie Stromkreis geschlossen, und Lämpchen brennt."

Yasmina tanzt als vorletzte in den Kreis, jetzt ist Lola dran und schließt den Kreis. In diesem Moment müsste der Scheinwerfer kommen, stattdessen knallt es, alles ist plötzlich stockdunkel und die Musik ist auch aus. „Mist, Kurzschluss!", brüllt jemand, wir stolpern erst durcheinander und bleiben dann stehen. Nur Lola tanzt noch weiter und rempelt alle an. „Ey, was soll das," fragt Kim sauer. „Wieso", ruft Lola, „wenn geht etwas schief oder peng, wir einfach machen weiter!"

Energie im Karussell

Wenn viele Elektronen durch ein Metall (zum Beispiel einen Kupferdraht) wandern, nennt man das elektrischer Strom. Aber unter welchen Bedingungen entsteht denn ein elektrischer Strom? Mit diesem Versuch kannst du es sicher herausbekommen.

Das brauchst du

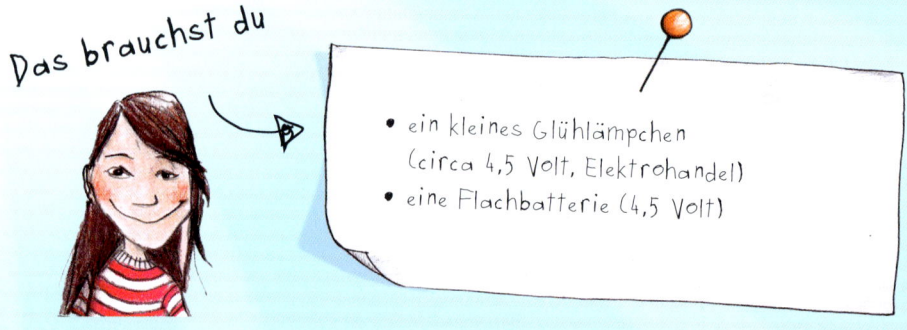

- ein kleines Glühlämpchen (circa 4,5 Volt, Elektrohandel)
- eine Flachbatterie (4,5 Volt)

Achtung: Du darfst diese Versuche nur mit einer Batterie durchführen, niemals mit Strom aus der Steckdose! Sonst kannst du einen tödlichen Stromschlag bekommen!

Durchführen

1. Halte zuerst das Lämpchen mit dem unteren Kontakt an den langen Anschluss der Batterie (dem Minuspol -) und prüfe, ob es leuchtet. Probiere es danach auch am Pluspol + aus.

2. Das Glühlämpchen hat aber noch eine zweite Kontaktfläche aus Metall (das Gewinde). Was geschieht, wenn du diese Metallfläche abwechselnd an den Pluspol und den Minuspol hältst?

3. Nun halte das Lämpchen gleichzeitig an die beiden Metallpole der Batterie, so wie es hier abgebildet ist. Was passiert, wenn man das Lämpchen umdreht, so dass der Gewindekontakt den Pluspol berührt?

 Leuchtet das Lämpchen auf, wenn man den Pluspol mit dem Lampenkontakt und den Minuspol mit dem Glas verbindet?

Verstehen

Wenn du die einzelnen Schritte richtig durchgeführt hast, hat das Lämpchen nur beim Versuch 3 geleuchtet, als es an beide Batteriepole angeschlossen war. Die ersten beiden Versuche haben gezeigt, dass die Verbindung mit einem Pol nicht reicht. Das Lämpchen kann nur aufleuchten, wenn der elektrische Strom durch es hindurch fließt. Man spricht dann von einem „geschlossenen elektrischen Stromkreis".

Bei Versuch 4 kann es keinen Stromkreis geben, weil der Strom nicht durch Glas hindurchgehen kann.

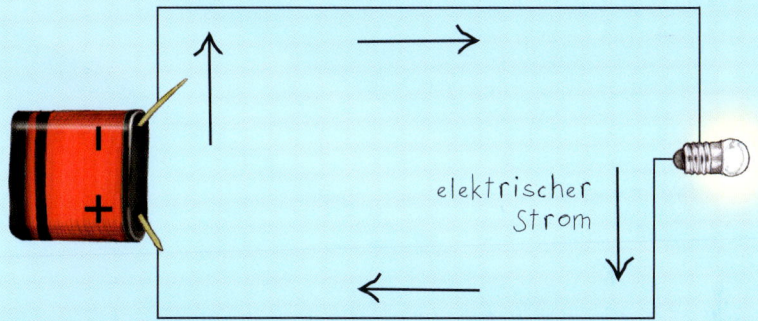

elektrischer Strom

So sieht ein einfacher Stromkreis aus, wenn man noch Kabel zwischen der Batterie und der Glühlampe verwendet.

Weiterforschen

  Diese Möglichkeit, die Lampe mit den Polen zu verbinden, hast du noch nicht ausprobiert. Den 5. Versuch darfst du nur einmal kurz durchführen (Batterie kann heiß werden).

Der Strom nimmt hier die Abkürzung über das Metall des Schraubgewindes und fließt gleich wieder zur Batterie zurück und nicht durch die Glühlampe. Da jetzt die beiden Pole der Batterie direkt miteinander verbunden sind, fließt sogar ein ziemlich hoher Strom. Das nennt man „Kurzschluss".

Rettende Ruhestöpsel

Glück gehabt. Es ist noch eine Zitrone da. Gerade, als ich sie aus dem Obstkorb nehme, kommt Mama vorbei. „Was willst du mit der Zitrone, Caro mio?", fragt sie misstrauisch. „Brauch ich für meine Zitronenbatterie", sage ich. „Hör mal, Matteo", sagt Mama ziemlich streng, „ich möchte, dass du fragst, bevor du dir einfach etwas nimmst, okay? Könnte ja sein, dass wir die Zitrone heute zum Kochen brauchen". Bevor ich etwas antworten kann, verschwindet sie im Badezimmer.

Also latsche ich zu Papa, der gerade mit Selina und Luna eine Kassette aussucht. „Nicht schon wieder *Lieder vom Pferdehof*", sagt er gerade, „das halte ich nicht noch ein einziges Mal aus." Ohrenbetäubendes Geheul. „Papa", schreie ich dagegen an, „kann ich mir eine Zitrone nehmen?" Papa schaut mich ratlos an: „Weißt du, wie man die abstellt?", fragt er und zeigt auf meine kleinen Schwestern. Ich grinse und sage: „Mit *Lieder vom Pferdehof*, Papa. Kann ich jetzt die Zitrone haben oder nicht?" Papa stöhnt. „Keine Ahnung. Frag deine Mutter." Ich latsche also wieder zurück vors Badezimmer und brülle gegen das Zwillings-Geheule aus dem Wohnzimmer an: „Mama, Papa sagt, ich soll dich fragen!" Aus dem Wohnzimmer hört man die ersten Töne von *Lieder vom Pferdehof*. Selina und Luna beruhigen sich schlagartig. Deshalb klingt es ein bisschen laut, wie ich so gegen die Badezimmertür anbrülle. Prompt kommt aus dem Inneren: „Mamma mia, kann man hier nicht einmal in Ruhe aufs Klo gehen?" „'tschuldigung, Mama", sage ich, „ich wollte nur fragen, ob du mir jetzt sagen kannst, ob ich eine Zitrone haben kann." Von drinnen höre ich Wasser rauschen und Mamas wütende Stimme: „Und das hat nicht Zeit, bis ich aus dem Badezimmer raus bin?" „Du musst ja nur ja oder nein sagen", sage ich. Mama macht die Tür auf und seufzt: „Also gut. Ja! Unter einer Bedingung. Du ziehst dich mit deiner Zitrone in dein Zimmer zurück und mischt die Bude hier nicht weiter auf. Ich will dich vorm Abendessen nicht mehr rumschleichen sehen, okay?" „Okay", sage ich und schnappe mir eine Zitrone aus der Obstschüssel. Mütter! Keinen Überblick, echt. Die Kleinen nerven rum und ich soll ins Zimmer. Naja, da ist wenigstens Pferdehof-freie Zone, und die Zitrone für meine Batterie hab ich auch.

Wo sind bloß meine bescheuerten Ohrhörer? Ich durchsuche zum dritten Mal meinen Rucksack. Ich brauch die Ohrstöpsel unbedingt für meine Zitronenbatterie. Ohne kann ich nicht hören, ob's funktioniert. Da fällt mir ein, dass ich sie mit meinem MP3-Player ins Flurregal gelegt habe, als ich vorhin rein gekommen bin. Das ist natürlich ein Risiko. Ich hab Mama ja versprochen, im Zimmer zu bleiben. Und bei ihrer Laune ... Andererseits: Der Flur ist ja nur um die Ecke.

Ich schleiche also in den Flur. Keiner zu sehen. Schnell greife ich ins Regal, da liegt aber nur mein MP3-Player. Keine Ohrstöpsel weit und breit. In der Wohnung ist es verdächtig still. Ich schleiche den langen Flur lang und gucke vorsichtig ins Wohnzimmer rein. Auf dem Teppich liegen Luna und Mama und schlafen. Selina sitzt bei Papa angekuschelt auf dem Sofa und wackelt fröhlich mit dem Kopf. „Hey, Papa", flüstere ich, „wie hast du das geschafft, ohne *Lieder vom Pferdehof*. „Psst, Matteo", sagt Papa und zeigt auf Selinas Ohren, aus denen MEINE Ohrhörer baumeln. „Wer sagt denn, dass ich es ohne *Lieder vom Pferdehof* geschafft habe?", fragt er. „Mensch Papa", protestiere ich, „das sind meine Ohrhörer. Ihr sagt doch immer, ich soll nichts nehmen, ohne vorher zu fragen!" Papa grinst und flüstert: „Das war ein Notfall. Es ging um Leben und Tod, Matteo. Du kannst mir glauben, noch einmal *Lieder vom Pferdehof* hätte ich einfach nicht überlebt!"

Die saure Batterie

Was tun, wenn es weit und breit keine Steckdose gibt und du trotzdem Musik hören willst? Es wäre nicht besonders praktisch, einen tragbaren CD- oder MP3-Player mit einem Verlängerungskabel zu verwenden! Für solche Fälle gibt es kleine „Energiepakete", die uns für eine Weile Strom liefern können: die Batterien (die, wenn man sie wieder aufladen kann, Akkus heißen). Du kannst mit ganz einfachen Mitteln selbst eine Batterie herstellen.

Das brauchst du

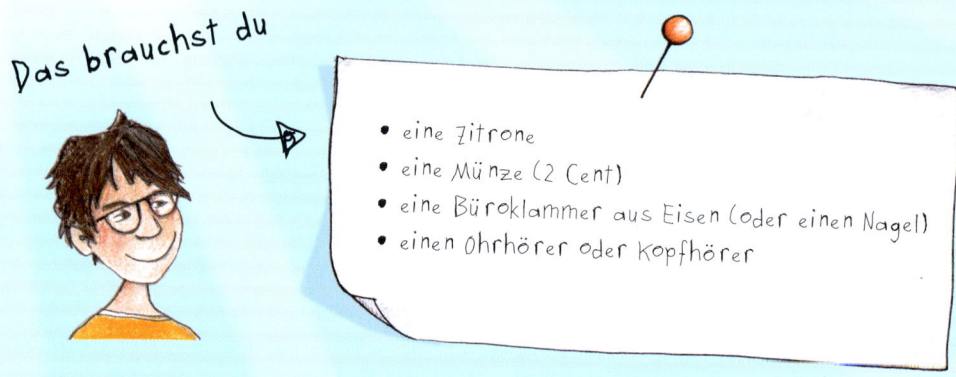

- eine Zitrone
- eine Münze (2 Cent)
- eine Büroklammer aus Eisen (oder einen Nagel)
- einen Ohrhörer oder Kopfhörer

Vorbereiten

Drücke die Centmünze in die Zitrone, so dass sie noch ein wenig herausschaut. In kleinem Abstand stichst du nun die Büroklammer ein. Achte darauf, dass sich die beiden Metalle nicht berühren, auch nicht innerhalb der Zitrone.

Achtung! Weil in der Zitrone bei diesem Versuch eine chemische Reaktion stattfindet und etwas Gift entsteht, solltest du sie auf keinen Fall probieren, sondern gleich wegwerfen!

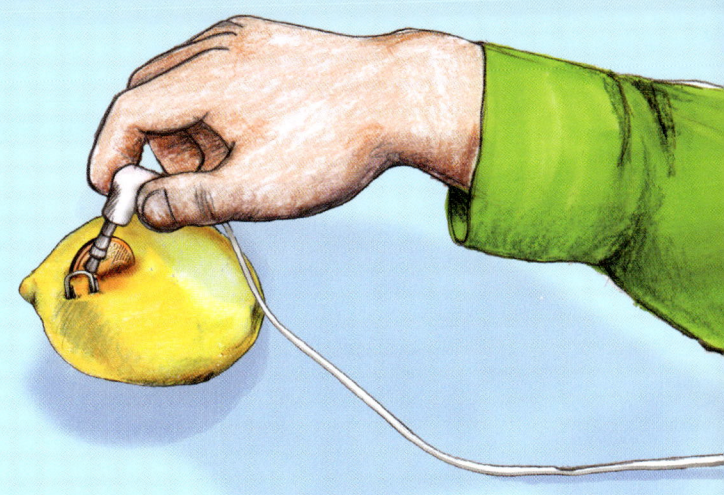

Durchführen

Stecke dir die Ohrhörer in die Ohren. Berühre nun gleichzeitig mit den Kontakten des Anschlusssteckers die Münze und die Büroklammer. Kannst Du etwas hören?

Verstehen

Beim Berühren der beiden Metalle kannst du in den Ohrhörern ein Knacken wahrnehmen. Die dafür notwendige Energie wird von der Zitrone bereitgestellt, denn zwei verschiedene Metalle erzeugen in einer sauren Flüssigkeit Elektrizität. Und dass Zitronensaft sauer ist, hast du bestimmt schon einmal beim Probieren geschmeckt. In deiner Zitronenbatterie hast du Kupfer (Münze) und Eisen (Büroklammer) verwendet. In einer richtigen Batterie sind auch zwei verschiedene Metalle (manchmal auch ein Metall und Kohle) und Säure vorhanden.

An Batteriekontakten sind dir bestimmt schon mal die Zeichen + und - aufgefallen. Sie werden Batteriepole genannt. Deine Zitronenbatterie hat an der Münze einen Pluspol (+), an der Büroklammer einen Minuspol (-).

Energiesparwette

Ich sage nur: Stracciatella, Banane, Schoko! Zufrieden essen Jakob und ich unser Eis. Papa hat sich auch eins gekauft, obwohl er das genau genommen eigentlich nicht dürfte. Wegen der Wette. Aber Jakob und ich haben es trotzdem erlaubt. Und Papa hat gesagt: „Vor dem großen Energiesparlampen-Einkauf muss ich mich noch mal stärken, damit ich den Schock an der Kasse besser verkrafte." Das mit der Wette kam so:

Jakob und ich haben einen kleinen Energiespar-Kontrollgang durch unsere Wohnung gemacht. Mit Liste zum Ankreuzen. Das hatten wir uns in der Schule ausgedacht. Wir hatten nämlich gerade im Sachunterricht über Energiesparen geredet.

„Könnt ihr mal woanders Leute nerven?", hat Papa gemeint, als wir über den Staubsauger drüber gestiegen sind, mit dem er gerade im Flur gesaugt hat. „Ich will hier schnell zu Ende saugen." „Wir müssen nur kurz ins Schlafzimmer, Papa", hab ich gesagt, „sind gleich weg." Wieso muss er auch gerade den Flur saugen, wenn wir in allen Zimmern nachgucken müssen, ob wir Energiesparlampen oder Glühbirnen in unseren Lampen drin haben? Okay, Jakob hat dann aus Versehen den Stecker raus gezogen, als er auf dem Rückweg vom Schlafzimmer übers Kabel gestolpert ist. Aber deswegen muss man sich trotzdem nicht gleich so aufregen. „Das ist ja wohl nicht zuviel verlangt, dass ihr mich einmal drei Minuten in Ruhe saugen lasst", hat Papa losgeschimpft, und in dem Moment hat auch noch das Telefon geklingelt. „Ich werd hier noch bekloppt!", hat er gerufen und ist auf dem Weg zum Telefon auf meine Schleich-Indianerin getreten und hat dann auch noch mein selbst gebautes Zeltdorf umgetreten, als er auf einem Fuß versucht hat, zum Telefon zu hüpfen. Ich hab mich ziemlich

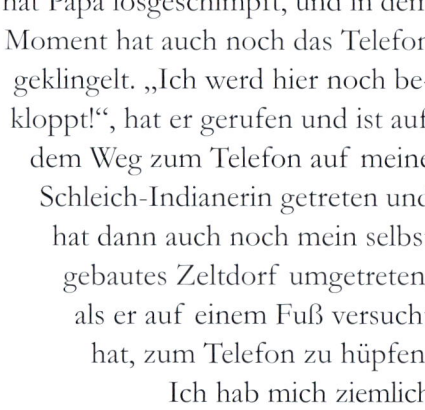

aufgeregt: „Mann, Papa, du hast mein Indianerdorf kaputt gemacht." Weil ich so wütend war, hab ich noch gemeckert: „Und Energiesparlampen hast du auch nicht in unsere Lampen reingeschraubt!" Papa hat ziemlich verdutzt geguckt. Das Telefon hat noch eine Weile weitergeklingelt, aber Papa ist gar nicht dran gegangen. „'tschuldige wegen dem Dorf", hat er gemeint, „und was war das noch? Was ist denn falsch mit unseren Lampen?"

Jakob hat geantwortet: „Nur wegen der Glühbirnen, Papa", und ich hab Papa unsere Liste unter die Nase gehalten, auf der man sehen kann, dass wirklich nur im Badezimmer und in der Nachttischlampe von Mamas Bettseite Energiesparlampen eingeschraubt sind. Sonst alles Energie fressende Glühbirnen. Die haben wir rot unterstrichen. Da waren ganz schön viele rote und nur zwei grüne Striche auf unserer Liste!

Licht

Licht ist ein toller Energieträger! Es kann auch durch den luftleeren Raum mit Lichtgeschwindigkeit (etwa 300.000 km pro Sekunde) riesige Energiemengen transportieren.

„Energiesparlampen sind einfach nicht so hell wie die Glühlampen, deshalb nehmen wir sie nicht", hat sich Papa verteidigt. Da konnten wir aber auftrumpfen! „Stimmt nicht Papa", hab ich gerufen, „Jakob hat in der Natur-AG ein Experiment gemacht, und dabei ist raus gekommen, dass beide Arten Lampen gleich helles Licht machen." „Das glaub ich nicht", hat Papa gemeint, „den Versuch möchte ich ja gerne mal sehen." „Kein Problem!", hat Jakob gemeint, „saug du schnell zu Ende, wir bauen ihn auf. Ist ein ganz einfacher Versuch!"

„Ich wette um drei Kugeln Eis, dass ihr mir das nicht beweisen könnt", brummte Papa und war sich seiner Sache sehr sicher. Aber da hatte er sich zu früh gefreut. Ich sag nur: Stracciatella, Banane, Schoko.

Der Zauberfleck

Du kannst mit deiner Familie zum Energiesparen beitragen, indem ihr zu Hause Energiesparlampen statt Glühlampen verwendet.
Heißt das, dass es bei euch dann nicht mehr
so hell wird wie vorher, wenn ihr eure Lampen
anknipst? Finde es mit diesem Versuch selbst heraus!

Das brauchst du

- eine Tischlampe mit einer 60-Watt-Glühlampe
- eine Tischlampe mit einer 11-Watt-Energiespar-
  lampe (ersatzweise eine 75-Watt-Glühbirne
  und eine 17-Watt-Energiesparlampe)
- ein Blatt weißes Papier
- etwas Speiseöl

**Achtung: Dieser Versuch darf nur im Beisein eines
Erwachsenen durchgeführt werden!**

Vorbereiten

Stelle die beiden Lampen ohne Schirm
so auf, dass sie etwa auf gleicher Höhe
stehen. Notfalls kannst du zum Ausgleich
Bücher unterstellen. Sorge dafür, dass in der
Nähe keine andere Lampe in Betrieb ist.

Durchführen

Schalte die beiden Lampen ein und warte einige Minuten, bis beide ihre
größte Helligkeit erreicht haben. Vielleicht braucht die Energiesparlampe
etwas länger dafür.

Nimm nun das Blatt Papier und tropfe in die Mitte etwas Öl. Verteile es mit dem Finger, so dass ein runder Fleck entsteht.

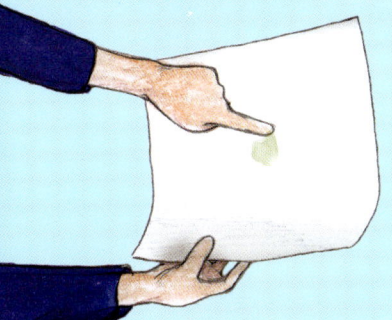

Halte das Stück Papier zwischen die beiden Lampen. Schau nach, wie der Ölfleck aussieht, wenn man ihn zur ersten Lampe hinbewegt oder wieder wegführt. Blicke auch mal von der anderen Seite auf das Blatt.

Beobachte immer genau, wie sich die Helligkeit verändert, wenn du das Blatt an eine andere Stelle hältst.

Verstehen

Auf der Verpackung von Energiesparlampen steht, dass eine Energiesparlampe etwa fünf Mal weniger Energie verbraucht als eine gleich helle Glühlampe, obwohl sie die gleiche Lichtmenge erzeugt. Also: Eine 60-Watt-Glühlampe bringt genauso viel Licht wie eine 11-Watt-Energiesparlampe. Mit der genauen Beobachtung der Helligkeit des Fettflecks in deinem Versuch kannst du den Beweis erbringen, ob das wirklich stimmt.

Du hast vermutlich sehen können, dass der Fettfleck von der anderen Seite betrachtet heller aussieht, wenn er näher an der Lampe 1 ist. Umgekehrt wirkt er dunkler, sobald er näher bei Lampe 2 ist. Sicherlich hast du den Punkt gefunden, an dem der Fleck fast gar nicht mehr zu sehen war, egal von welcher Seite du drauf geschaut hast. Die Lichtstärke ist dann auf beiden Seiten des Blattes gleich. Wenn die Angabe des Energiesparlampen-Herstellers stimmt, müsste das Blatt für diesen Effekt genau in der Mitte stehen. Stimmt's?

Ja, super, wir fahren vielleicht zum Abendessen in den Biergarten im Südpark. Und Biergarten bedeutet Pommes und Limo für Lola und mich! Zum Ausgehen sind wir eigentlich ein bisschen spät dran, meint Papa. Aber Mama sagt: „Ach komm, Volker, da haben wir mal endlich ein schönes Wochenende, das sollten wir bis zum Schluss ausnutzen." Papa erinnert Mama leider an unseren Mathetest morgen, aber Mama sagt energisch: „Dann üben wir eben ein bisschen im Biergarten."

„Ich krieg die Krise!", höre ich Papa fluchen, der schon mal die Fahrräder aus dem Keller trägt, „ich glaub du hast einen Platten, Jakob." Das fehlte gerade noch. Nicht dass unser Abend-Ausflug deswegen ins Wasser fällt. „Glaub ich nicht, Papa", rufe ich auf dem Weg nach unten, „der Reifen braucht nur ein bisschen Luft." „Dann hol mal die Pumpe von oben, bitte", sagt Papa. Also flitze ich wieder hoch in die dritte Etage.

„Was machst du denn wieder hier?", fragt Mama, die gerade mit Lola runter gehen will. „Ich hole nur die Luftpumpe", sage ich. Mama schließt noch mal auf, und ich suche die Pumpe. „Mama, die Pumpe ist nicht in der Flurschublade", rufe ich nach draußen. Mama kommt rein und sagt: „Oh, mir fällt grad ein, dass ich sie in meiner Satteltasche im Keller hab. Tut mir leid, dass du einmal umsonst gerannt bist." „Kein Problem, Mama", sage ich, „dann ess ich gleich eben zwei Portionen Pommes." Mama schließt wieder ab, und Lola und ich springen immer drei Treppenstufen nach unten. (Nur am Schluss geht das nicht, da muss man vier Treppen auf einmal nehmen.)

„Die Pumpe ist in Mamas Satteltasche", informiere ich Papa. „Ah", sagt Papa und greift in Mamas Radtasche. „Claudia?", fragt er Mama, die gerade unten ankommt, „fährst du jetzt aus lauter Begeisterung für den Umweltschutz Energiesparlampen spazieren?" Er hält ein Paket mit Lampen hoch. „Ach da sind die", sagt Mama, „die hab ich wie verrückt gesucht. Ich musste doch welche nachkaufen, weil wir die Schreibtisch- und die Abstellkammerlampe vergessen hatten." „Dann fahr die Lämpchen ruhig noch weiter in der Gegend rum, dann haben die ein bisschen was gesehen von der Welt, bevor sie in der Abstellkammer landen", meint

Papa und will sich
gerade aufs Fahrrad
schwingen. Da fällt ihm auf,
dass ich gar keinen Helm aufhabe.
„Oh, nein, ich glaub, den hab ich oben
vergessen, als ich die Luftpumpe geholt habe",
rufe ich. Mama wirft mir den Schlüssel zu, und ich
sause noch mal die Treppe hoch und mit Helm wieder runter.

Dann muss Lola noch mal aufs Klo, und danach will Mama ihr Handy
holen. „Hört mal, ihr Weltmeister", sagt Papa, „ihr wisst schon, dass
IHR noch in den Biergarten wolltet und nicht ich, oder?" Mama lacht:
„Dann fahren wir mal lieber los, bevor du dir's noch anders überlegst,
oder?" Aber Papa ruft: „Das gibt's doch nicht. Haltet mal kurz, ich glaub
jetzt hab ich mein Portemonnaie vergessen."

Als er wieder unten ist, haben Lola und ich gerade aufgehört zu lachen.
„Leute", meint er schnaufend, „meint ihr eigentlich, nur weil wir jetzt
überall Energiesparlampen haben, müsstet ihr die brennen lassen, auch
wenn wir unterwegs sind?" „Nee, das nun gerade nicht", sagt Lola und
Mama meint lachend: „Zur Strafe müssen Lola und Jakob als Mathetest-
vorbereitung im Biergarten ausrechnen, wie viel Strom wir sparen,
wenn wir die Energiesparlampe im Klo
brennen lassen statt der Glühbirne
in der Abstellkammer."

Die Lampe, der Energieumlader

Die Europäische Union verbietet aus Klimaschutzgründen Schritt für Schritt den Verkauf von Glühbirnen. Kann man eigentlich (außer an der Stromrechnung) überprüfen, ob Energiesparlampen wirklich weniger Strom als Glühbirnen verbrauchen?

Das brauchst du

- eine Tischlampe mit einer 60-Watt-Glühlampe
- eine Tischlampe mit einer 11-Watt-Energiesparlampe (ersatzweise eine 75-Watt-Glühbirne und eine 17-Watt-Energiesparlampe)

Achtung: Berühre mit den Händen nicht die Lampen! Du könntest sie dir verbrennen. Dieser Versuch darf daher nur im Beisein eines Erwachsenen durchgeführt werden.

Durchführen

Schalte die beiden Lampen aus dem vorigen Versuch wieder ein und warte einige Minuten, bis beide ihre größte Helligkeit erreicht haben.

Halte vorsichtig deine Hände über die Lampen, aber achte darauf, dass du sie nicht berührst.

Was stellst du fest?

Verstehen

Die normale Glühlampe ist (bei gleicher Helligkeit) viel heißer als die Energiesparlampe. Sie wandelt also die elektrische Energie viel stärker in Wärme um als in Licht. Die Energiesparlampe jedoch wandelt nicht so viel Energie in Wärme um und wird daher auch nicht so heiß.

Du kannst dir das so vorstellen, dass die Glühlampe 20 Erbsen angeliefert bekommt - so stellen wir uns jetzt mal die Energieportionen vor, die durch den elektrischen Strom vom Kraftwerk ankommen. Von den 20 „Energieerbsen" wird nur eine einzige in Lichtenergie umgewandelt. Die übrigen 19 gehen als Wärme verloren.

Lichtenergie Wärme

Die Energiesparlampe bekommt für dasselbe Licht insgesamt nur 4 „Energieerbsen" geliefert. Eine „Energieerbse" wandelt auch die Energiesparlampe in Licht um. Bei ihr gehen aber nur drei als Wärme verloren.

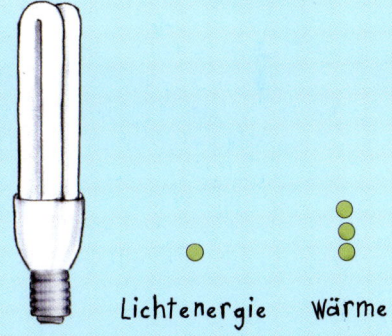

Lichtenergie Wärme

Die Energiesparlampe nutzt die ankommende Energie also viel besser aus. Damit spart man nicht nur Geld, sondern schont die Umwelt.

Achtung: Energiesparlampen nicht einfach wegwerfen! Sie enthalten etwas Quecksilber und gehören zum Sondermüll, der gesondert vom Hausmüll gesammelt wird.

Wandern und Wasserdruck

Wandern. Ich sage nur Wandern. Kann's was Blöderes geben? „Dann mach mal einen Vorschlag, Pauline, was du morgen gerne Tolles machen würdest, anstatt zu wandern", sagt Papa. „Na, lesen oder so", sage ich. „Ne", meint Papa, „das gilt nicht, nichts für drinnen. Etwas für draußen." „Echt, Papa, wandern will ich auf keinen Fall. Und schon gar nicht mit Tante Astrid und ihrem blöden Freund Thomas!", sage ich. Papa entgegnet ziemlich gereizt: „Wenn dir nichts Besseres einfällt als zu meckern, bestimme ich einfach, was läuft, basta. Ich hänge bestimmt nicht bei diesem herrlichen Wetter in der Bude rum, nur weil meine Tochter zu nichts Lust hat."

Schnell antworte ich: „Kann ich nicht Lola mitnehmen? Ohne Freunde ist es stinklangweilig beim Wandern. Ihr quatscht immer nur und quatscht und quatscht und quatscht." „Ja, wir machen genau das, was du mit deinen Freundinnen auch machst, wenn ihr zusammen seid", meint Papa. Aber dann sagt er zum Glück noch: „Dann ruf Lola halt an und frag, ob sie Zeit hat, morgen den Tag mit uns zu verbringen!"

Es klappt! Lola darf mit, jippie. Wir fahren zu so einem Stausee, um den man rumwandern kann. Ist ja auch egal, Hauptsache Lola ist dabei. Dann wird's auf jeden Fall ein Superausflug.

Es IST ein Superausflug. Papa sagt, wir brauchen vier Stunden, um ganz um den Stausee herum zu laufen, aber dass wir auf der Hälfte Picknick machen. Der blöde Thomas ist heute eigentlich ganz nett. Er hat erzählt, dass manchmal echte Dörfer am Boden von Stauseen liegen mit

Kirchen und Häusern und so. Natürlich ohne Menschen, denn die sind weggezogen, als die Staumauer fertig gebaut war und bevor das Wasser in das Tal rein gelassen wurde, um sich zu einem See zu stauen. Lola und ich stellen uns schon die ganze Zeit vor, wie es wäre, am Grund so eines Stausees als Nixen in den verlassenen Häusern zu leben. Ich hätte lila Haare und grünlich-lila schimmernde Schuppen. Lola wollte eigentlich auch lila Haare haben, aber ich fand, wir müssten schon unterschiedlich aussehen, und dann hat sie blau genommen.

Papa sollte gar nichts mitkriegen von unserem Nixen-Spiel. Hat er aber doch. Jetzt fragt er, wie Nixen eigentlich den Wasserdruck ganz unten aushalten. „Was für Wasserdruck?", fragen Lola und ich. „Na, ja", sagt Papa, „je tiefer ein Taucher unter Wasser taucht, umso mehr Druck muss er aushalten. Und ich glaube, dieser See ist ganz schön tief. Passt bloß auf, dass ihr nicht die Taucherkrankheit kriegt!"

„Für echte Nixen kein Problem", sagt Lola, „wir haben Druck-weg-Haut und schwimmen sowieso schneller als der allergrößte Druck." „Ja, genau", sage ich, „und unsere Spezialhaare filtern dann noch den restlichen Druck aus dem Wasser." Papa lacht und meint, dass er unsere Erfindungen gerne patentieren lassen will. „Was ist das denn?", frage ich. „Patentieren", sagt Papa, „ist, wenn man versucht, mit tollen Erfindungen Geld zu verdienen. Man muss anmelden, dass man sie selbst ausgedacht hat und genau beschreiben, wie sie funktionieren."

Das klingt nach viel Arbeit. Und darauf haben Lola und ich heute überhaupt keine Lust. Wir wollen einfach Nixen sein. Und Nixen brauchen zum Glück kein Geld, aber dringend eine Picknickpause! Von uns aus auch über Wasser, wenn die anderen den Unterwasser-Druck nicht aushalten: die Weicheier!

Strom aus einem See?

Im Schwarzwald und in den Alpen z. B. sieht man manchmal ganz besondere Seen. Auf einer Seite begrenzt kein Ufer diese Seen, sondern eine hohe Mauer aus Beton. Diese Stauseen kann man zum Energiespeichern und zur Stromgewinnung verwenden. Aber wie funktioniert das?

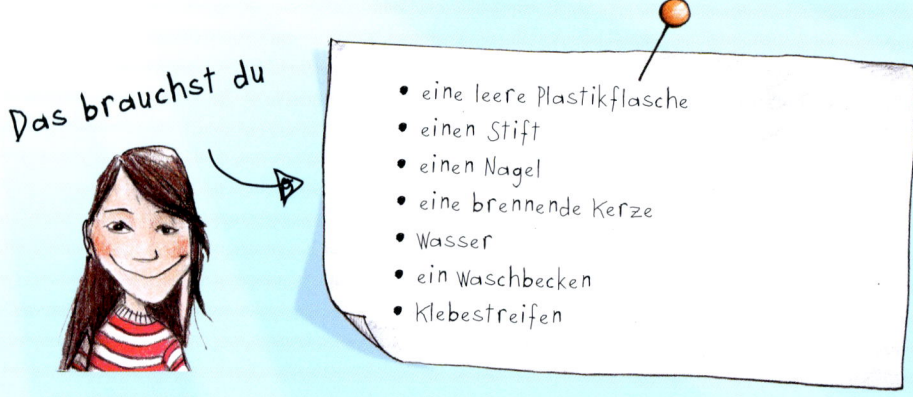

Das brauchst du

- eine leere Plastikflasche
- einen Stift
- einen Nagel
- eine brennende Kerze
- Wasser
- ein Waschbecken
- Klebestreifen

Vorbereiten

Wie in dieser Zeichnung zu sehen ist, musst du zuerst mit einem Stift einige Punkte auf die Kunststoffflasche zeichnen. Sie sollen nicht genau übereinander liegen, sondern schräg nach oben versetzt sein.

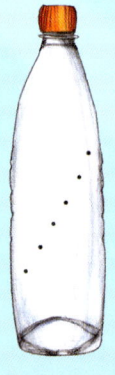

Achtung: Lass dir beim nächsten Schritt von einem Erwachsenen helfen.

Erhitze nun den Nagel über einer Kerzenflamme. Damit du dir nicht die Hände am heißen Metall verbrennst, halte den Nagel am besten mit einem Stück Pappe fest. Wenn der Nagel heiß genug ist, stichst du in die markierten Punkte ein, so dass kleine Löcher entstehen. Zwischendurch musst du vermutlich den Nagel immer mal wieder heiß machen, weil er abkühlt. Prüfe noch einmal nach, ob die Löcher auch alle gleich groß sind. Dann klebe mit einem langen Klebestreifen alle Löcher zu.

Durchführen

Befülle die Flasche bis oben mit Wasser und drehe den Flaschendeckel wieder drauf. Jetzt stellst du die Flasche auf den Rand eines Waschbeckens und entfernst den Klebestreifen. Öffne den Flaschendeckel und beobachte, wie das Wasser aus der Flasche herausströmt. Wie sehen die Wasserstrahlen aus? Verändern sie sich nach einer Weile?

Verstehen

Wie du gut sehen kannst, strömt das Wasser in weitem Bogen aus den Löchern. Allerdings kommt es aus dem unteren Loch mit dem größten Druck heraus. Das erkennst du daran, dass das Wasser hier die größte Weite erreicht. Weil der Wasserstand im Versuchsverlauf stetig abnimmt, sinkt auch der Druck ab und das Wasser strömt nicht mehr so schnell aus den Löchern. Je höher der Wasserstand, desto höher ist der Druck, mit dem das Wasser ausströmt.

So funktioniert im Prinzip auch das Speicherkraftwerk eines Sees, das man gut an der Staumauer erkennen kann. Das Wasser fließt aus dem oberen Speichersee durch eine lange Röhre nach unten in die Turbine. Die Turbine ist ein großes Flügelrad, das sich dann zu drehen beginnt. Die Turbine ist mit einem Generator verbunden, der Strom erzeugt (so wie der Dynamo am Fahrrad). Wenn man woanders zu viel Energie erzeugt hat und sie speichern will, verwendet man diese Energie, um das Wasser wieder nach oben zu pumpen. Jetzt steht die Energie wieder in der gespeicherten Wassermasse zur Verfügung. Sie kann nun genau dann wieder eingesetzt werden, wenn man sie auch tatsächlich braucht.

Oberer Speichersee

Turbine

unterer Speichersee

Drei Boote und kein Korken

Das ist bestimmt der coolste Tag vom Sommer. Ich bin mit Mama unterwegs zur Superstelle am Moos-Bach. Ohne meine kleinen Schwestern (hipp hipp hurra), dafür aber mit Jakob. Lola hätte auch mitkommen können, aber die wollte lieber mit Pauline und ihrem Vater zu irgend so einem Stausee. Selbst schuld! Jakob und ich wollen nämlich Schiffe und einen Hafen am Bach bauen. Und Mama hat mir fest versprochen, dass wir diesmal endlich ein Wasserrad bauen, das sich in der Strömung dreht. Sie wollte mir schon letztes Mal zeigen, wie man das macht, aber da waren Luna und Selina mit und sind die ganze Zeit fast in den Bach gefallen, so dass Mama und ich dann doch nicht zum Wasserrad gekommen sind, weil wir nur mit Aufpassen beschäftigt waren.

Drei Hafenbecken haben wir schon gebaut, ein großes zum Reinfahren und zwei kleinere Seitenbecken zum Anlegen. Zum Glück gibt's hier auch große Steine. Die gestapelten Mauern aus kleinen Steinen fallen in der Strömung immer so leicht um. „Wir müssen jetzt mal Boote bauen", sage ich, „und gucken, ob die Hafeneinfahrt funktioniert." Bald schaukeln drei super Rindenboote im Hafen: ein großes Transportboot und zwei kleine Flitzer. „Komm, wir sammeln Äste für ein Floß", ruft Jakob, und wir flitzen los. Ich rufe Mama noch zu: „Können wir gleich das Wasserrad machen?" „Ja, klar", sagt Mama, „versprochen ist versprochen, sucht mal nach zwei kleinen geraden Ästen mit Astgabeln. Ich hol schon mal die Sachen für das Wasserrad aus dem Rucksack."

Als wir zurückkommen, zeigt Jakob auf den Hafen: „Das gibt's nicht, unser Lastboot ist weg!" Wir untersuchen unseren Hafen: Keine Lücke in der Mauer, aber das Boot ist trotzdem weg.

Blattsegel

Astmast

Kiefernrinde
(vom Boden aufsammeln, nie vom Baum abmachen)

Äste mit Kordel oder biegsamen, aber stabilen Grashalmen zusammenbinden und verknoten

„Mama, komm mal schnell, jemand hat unser Boot geklaut!", brülle ich. Aber Jakob sagt: „Deine Ma ist auch weg. Bestimmt verfolgt sie die Diebe."

Von wegen Diebe verfolgen! Mama hat selbst unser Boot geklaut. Sie steht ein Stück weiter oben im Bach mit dem Boot in der Hand und winkt zu uns rüber. „Achtung, hier kommt euer Lastboot. Mit wertvoller Ladung! Seht zu, dass ihr es sicher in den Hafen bekommt", ruft sie. Wir staksen zu unserer Anlage. Da trudelt unser Boot heran. Es ist beladen mit zwei Kirsch-Muffins. Lecker, ich sterbe für Kirsch-Muffins. „Pass auf, Jakob, dass das Boot nicht nach rechts weg treibt!", sage ich. Jetzt sehe ich, dass Mama ein anderes Segel an den Mast dran gemacht hat: Eins aus Papier und nicht aus Baumblättern.

„Ladung sicher in den Hafen gebracht", ruft Jakob, „hol das Segel ein, Matteo." Das mache ich und gucke vorwurfs- voll zu Mama, die ganz zerknirscht rüberwinkt. „Was ist los?", fragt Jakob und kaut schon glück- lich an seinem leicht feuchten Muffin, „deine Ma ist super." „Findest du?", frage ich und halte ihm das Papiersegel unter die Nase. Darauf steht: „Habe den Korken fürs Wasserrad verges- sen. Tut mir sehr leid. Sind Kirsch-Muffins als Entschuldigung okay?" „Mensch Mama", schimpfe ich leise vor mich hin, „du hast es versprochen!" „Aber das ist doch super", flüstert Jakob mir zu, „dann muss sie eben nächsten Sonn- tag wieder mit uns hier hin kommen." „Kein Problem, Mama!", rufe ich, „die Muffins sind superlecker, und das Einpacken kannst du einfach nächsten Sonntag noch mal üben!"

Mit Druck ins Wasserkarussell

Beim Speicherkraftwerk fällt das Wasser aus dem oberen Stausee in hohem Tempo durch ein Rohr nach unten in eine Turbine. In diesem Versuch baust du dir eine Mini-Turbine und erfährst, wofür Turbinen überhaupt nötig sind.

Das brauchst du

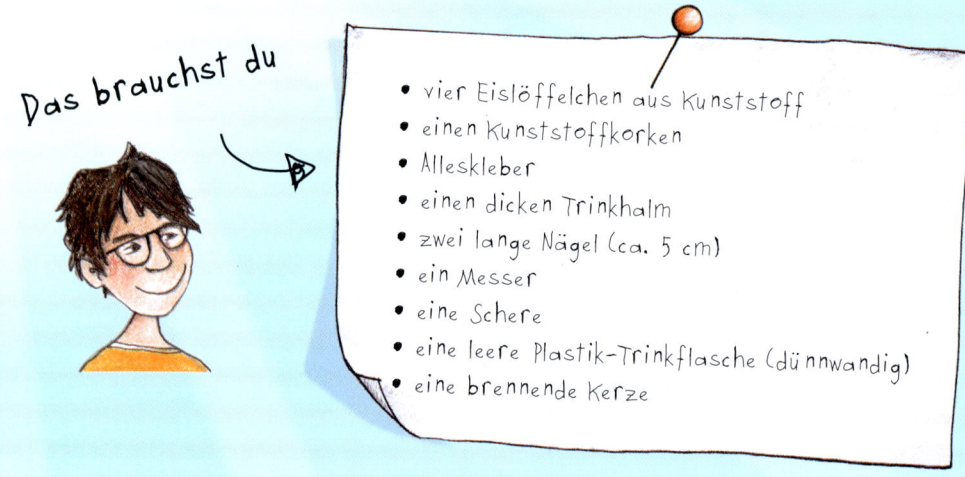

- vier Eislöffelchen aus Kunststoff
- einen Kunststoffkorken
- Alleskleber
- einen dicken Trinkhalm
- zwei lange Nägel (ca. 5 cm)
- ein Messer
- eine Schere
- eine leere Plastik-Trinkflasche (dünnwandig)
- eine brennende Kerze

Achtung: Dieser Versuch darf nur mit Hilfe eines Erwachsenen durchgeführt werden!

Vorbereiten

Zeichne auf einer der kreisrunden Flächen des Korkens mit einem Kugelschreiber ein Kreuz ein. Es ist wichtig, dass es genau durch die Mitte des Korkens geht.

Verlängere nun die Linien des Kreuzes an der Längsseite des Korkens. Auf der Unterseite musst du auch noch genau die Mitte markieren. Mit einem Messer schneidest du jetzt die langen Linien etwa 3 mm tief ein.

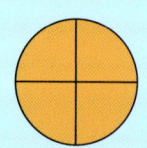

Nun müssen die vier Eislöffelchen gekürzt werden. Ritze dafür das Plastik mit dem Messer an und brich die Löffelchen vorsichtig auseinander. Sie sollen alle gleich groß sein.

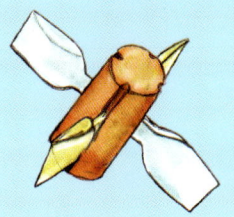

Klebe die vier Eislöffelchen so in die Einschnitte ein, dass sie in die gleiche Richtung weisen. Jetzt ist dein Turbinenrad fertig.

Nun musst du noch das Turbinengestell bauen. Schneide mit einer kräftigen Schere dazu den oberen Teil der Trinkflasche ab. Anschließend schneide noch zwei gleich große Ausschnitte und ein Loch (als Wasserabfluss) in die Seitenwand der Flasche.

Mit einem über einer Kerzenflamme erhitzten Nagel werden oben gegenüberliegend zwei Löcher eingestochen. Sie sollen so groß sein, dass darin später die Nägel gedreht werden können. Nun musst du das Turbinenrädchen in das Gestell einbauen. Stich die Nägel durch die Löcher von beiden Seiten in den Korken. Damit das Rädchen in der Mitte bleibt, kannst du zwei gleichkurze Trinkhalmstücke zwischen den Korken und die Plastikflasche setzen.

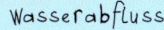

Wasserabfluss

Durchführen

Stelle deine Turbine in ein Spülbecken und drehe vorsichtig den Wasserhahn auf. Lasse einen gleichmäßigen Wasserstrahl auf die Turbinenschaufeln fließen. Probiere aus, wie stark der Wasserstrahl sein muss, damit sich die Turbine zu drehen beginnt. Wie muss das Wasser auf die kleinen Schaufeln treffen, damit sich das Rädchen sehr schnell dreht?

Verstehen

Turbinen wandeln die gerade Bewegung des Wassers in eine Drehbewegung um, denn die Drehbewegung ist für den angeschlossenen Generator notwendig. Die Form der Turbine ist entscheidend dafür, wie gut die Energie des Wassers aufgenommen und an den Generator weitergegeben werden kann. Der Wasserstrahl muss dabei möglichst direkt auf die Turbinenschaufel auftreffen. Je nach Art des Kraftwerks gibt es ganz verschiedene Turbinenformen. Deine selbst gemachte Turbine ähnelt dabei am stärksten der so genannten Peltonturbine.

Peinlicher Papierflieger

Ich reiße eine Seite aus meinem Heft und schiebe sie Pauline rüber: „Wetten K.-Q. ist in Francesco verknallt, so wie die den anhimmelt, obwohl der nichts rafft." Ich sehe Pauline grinsen und nicken. K.-Q. ist Paulines und mein Geheimname für Kim. K für Kim und Q für Kuh: Kim-Kuh eben. Wir haben so viele K-Kinder in der Klasse (Kerim, Klara, Konstantin, Kyra und Kim), dass keiner drauf kommt, wen wir meinen, wenn die Frings mal einen Brief abfängt und vorliest. Zumindest kann sie uns nichts nachweisen. „Passt doch: Blöd und blöd gesellt sich gern", schreibt Pauline zurück, „in der Pause gleich Treffen an der Turnhalle. Nur Beeilung, dass K.-Q. uns nicht sieht."

Hä, was war das denn? Lennard hat grad erst seinen eigenen Spitzer in seinen Tornister gesteckt und dann Pauline gefragt, ob sie ihm mal ihren Spitzer ausleihen kann. Da ist ja wohl klar, was los ist. Sofort schreibe ich auf den Zettel, dass ich glaube, dass Lennard in Pauline verknallt ist. Pauline guckt wütend zu mir rüber. Ich zucke die Schultern. Da kann ich doch nichts für. „Woher willst du das wissen?", zischt Pauline und ich schreib es ihr. „Voll peinlich!", schreibt Pauline zurück, „gerade der."
Ich male einen Smiley mit runter gezogenem Mundwinkel.
„Brief nicht in Klasse liegenlassen, Gefahr!",
schreibt Pauline noch drunter.

Klar, da habe ich auch schon dran gedacht. Besser wir nehmen den Brief mit in die Pause, sonst liest ihn vielleicht K.-Q., wenn sie heimlich rumschnüffelt. Oder Lennard! Das wäre natürlich noch viel schlimmer! Ich falte die Heftseite, die wir als Briefpapier genommen haben, zu einem Papierflieger und bin gerade fertig, als es endlich zur Pause klingelt.

Pauline und ich rennen raus
zur Turnhalle. Sieht gut aus: K.-Q. steht mit Klara
am anderen Schulhofende. Ich erzähle Pauline noch mal genau, wie ich das mit Lennard gesehen habe, und wir werfen ein bisschen mit dem Papierflieger hin und her. Der fliegt aber nicht so gut. Und dann passiert's. Ich werfe den Flieger, und irgendwie fliegt er auf einmal viel höher als vorher. Der wird von der Luft richtig nach oben getragen. Pauline kann ihn nicht schnappen, und er segelt fröhlich weiter genau zu den Jungs.

Wir rennen los, aber zu spät. Lennard schnappt ihn und ruft: „Na, willst du etwa deinen Papierflieger zurückhaben, Pauline?" Oje, er faltet den Zettel auseinander. Hat wohl gesehen, dass da was drauf geschrieben ist. So ein Mist. Pauline hechtet nach vorne, greift nach dem Papier und will Lennard den Brief wegschnappen. Dabei zerreißt er in zwei Hälften, und Lennard rennt mit der einen Hälfte weg. Schnell läuft Pauline zu mir, ihre zerknickte Briefhälfte in der Hand. Sie streicht sie glatt, liest und fängt an zu lachen. Ich versteh jetzt gar nichts mehr. Erst als ich den Zettel sehe, muss ich auch lachen: Er ist genau so zerrissen, dass Pauline alles Geschriebene über Lennard auf ihrer Hälfte hat. Über ihn steht gar nichts auf seiner Briefhälfte. Dafür wird er jetzt wohl ewig darüber rätseln, wer um alles in der Welt, K.-Q. ist.

Die Aufwind-
spirale

Es gibt Flugzeuge, die keinen Motor und keinen Treibstoff benötigen: die Segelflieger. Sie werden meist von einem anderen Flugzeug nach oben gezogen, dann aber bleiben sie stundenlang in der Luft. Aber wie soll das funktionieren? Braucht ein Segelflugzeug dazu vielleicht gar keine Energie? Mit diesem Versuch kannst du es selbst herausbekommen.

Das brauchst du

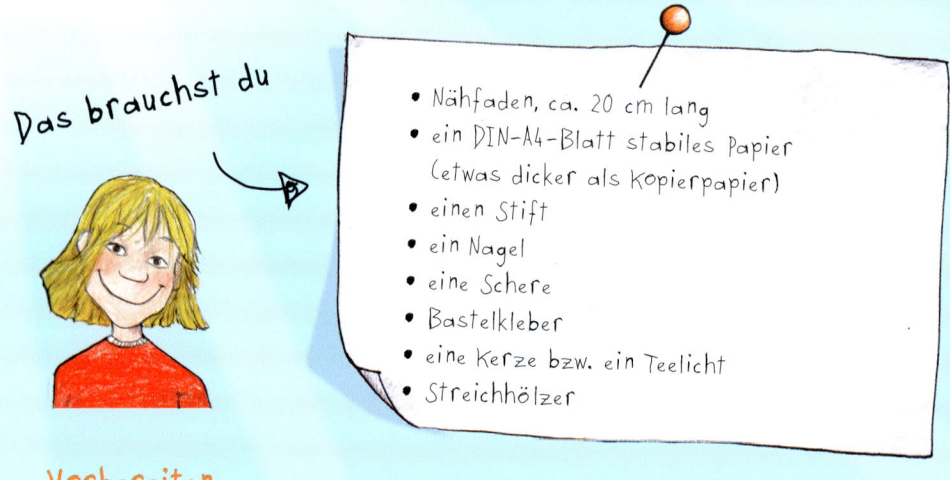

- Nähfaden, ca. 20 cm lang
- ein DIN-A4-Blatt stabiles Papier (etwas dicker als Kopierpapier)
- einen Stift
- ein Nagel
- eine Schere
- Bastelkleber
- eine Kerze bzw. ein Teelicht
- Streichhölzer

Vorbereiten

Zeichne gleichmäßig eine Spirale auf ein Blatt Papier und schneide sie aus. Sie sollte einen Durchmesser von ungefähr 15 cm haben.

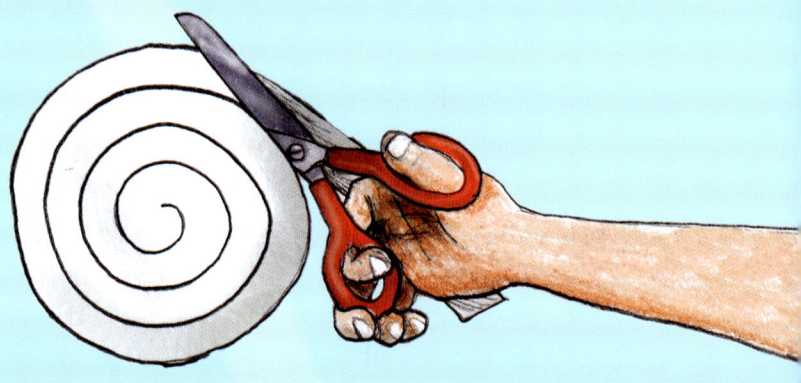

Stich mit einer Nadel im Mittelpunkt der Spirale ein kleines Loch, durch das du einen Nähfaden ziehst. Verknote das Ende, damit der Faden nicht mehr herausrutschen kann. Ein Tropfen Klebstoff verhindert, dass der Knoten wieder aufgeht.

Durchführen

Zünde die Kerze an. Halte die am Faden hängende Spirale etwa eine Hand breit über die Flamme. Diesen Mindestabstand musst du einhalten, damit die Spirale nicht zu brennen beginnen kann. Beobachte nun genau, was geschieht.

Verstehen

Wenn man vorsichtig seine Hand über die Kerze hält, spürt man die aufsteigende heiße Luft. Heiße Luft ist nämlich leichter als kalte. Wenn die heiße Luft durch die Spirale strömt, bewirkt sie eine Drehung.

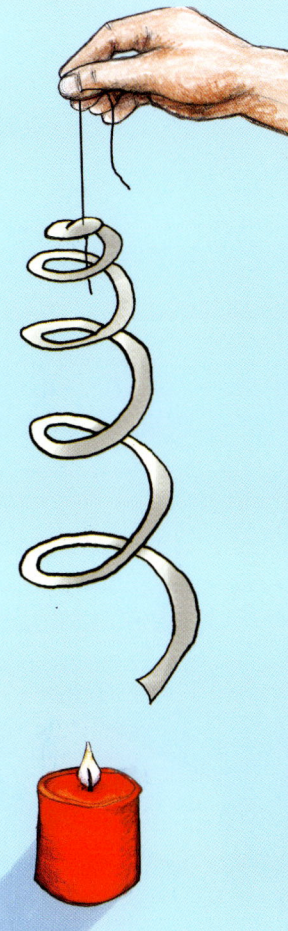

Dass Segelflugzeuge am Himmel ohne Motor aufsteigen können, hängt auch mit den warmen Aufwinden zusammen. Sie entstehen bei gutem Wetter, weil das Licht der Sonne die Luft erwärmt. Und weil warme Luft nach oben steigt, trägt sie die Segelflieger mit nach oben. Segelflugzeuge werden also mit Sonnenenergie angetrieben!

Einen ähnlichen Effekt gibt es bei der Weihnachtspyramide. Hier strömt die heiße, aufsteigende Luft durch das Flügelrad und beginnt die Pyramide in Drehung zu versetzen.

Es geht übrigens auch ohne eine Kerze. Die Spirale funktioniert sehr gut auch über einem heißen Heizkörper.

Fußballnaturtalente

Wie absolut blöde. Nur weil Matteo krank ist (Magen-Darm), hab ich mich von Lola überreden lassen, in der Nachmittagsbetreuung zur Schnupperstunde in die Fußball-AG mitzukommen. „Keine Lust", hab ich ihr gesagt, „außerdem weiß André ganz genau, dass ich nicht gern Fußball spiele und niemals für ein ganzes Halbjahr in seine blöde Fußball-AG will." „Ach komm schon, Jakob", hat Lola gebettelt, „ich bin schon das einzige Mädchen. Und dann auch noch ohne Matteo. Sei kein Bruderschwein. Und Probieren kann man immer!" „Okay", hab ich gesagt, weil mir eine gute Idee gekommen ist: „Dann kommst du diesmal aber auch mit in die Schnupperstunde von Kretschmers Natur-AG."

Da hab ich jetzt aber Schwein. Fußball-AG fällt aus, denn Fußball-André ist krank. Magen-Darm. Genau wie Matteo. Das haben sie jetzt von der vielen Kickerei. „Junge, du musst dich mehr bewegen", sagt Mama immer zu mir. Von wegen. An André und Matteo sieht man ja mal wieder: Sport ist ungesund. Jetzt macht der Natur-Kretschmer diese Woche die Fußball-AG mit. „Das kann ja lustig werden", trötet Lola, „ich glaub nie im Leben, dass der Kretschmer vorher schon mal Fußball gespielt hat!"

Da hat der kugelige, kleine Kretschmer aber eine ganz schön große Überraschung für Lola und die anderen Sportskanonen parat: „Ich hab lange im Verein gespielt", sagt er, „lasst mich mal überlegen. Bis ich 23 war, glaube ich." Und dann dribbelt er los wie ein Weltmeister. Alle stehen mit offenem Mund da. Aber statt dass er die Natur-Talente (so nennt er uns von der Natur-AG immer und grinst jedes Mal so, als hätte er den Witz zum ersten Mal gemacht!) in Ruhe lässt, müssen wir das ganze Programm voll mitmachen.

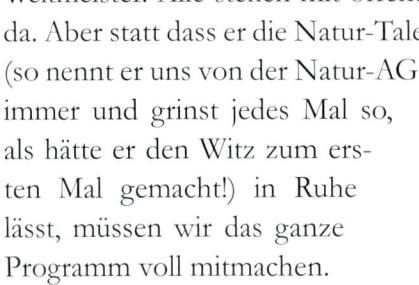

Gerade als ich denke, dass ich bestimmt nie wieder auch nur einen Fuß auf eine Fußballwiese setze, so kaputt bin ich, sagt er: „So, jetzt mal Schluss mit Fußball. Wir haben ja schließlich auch Naturforscher-AG, und da wollte ich euch zeigen, dass man mit Bällen auch was anderes machen kann als Fußballspielen." „Handballspielen", ruft Lola sofort und Lukas brüllt „Basketball!" „So ähnlich", sagt Natur-Kretschmer und holt aus seiner Sporttasche ein paar Tennisbälle. „Kommt mal mit auf den Schulhof und bringt die Fußbälle mit. Wir machen mal ein paar Experimente mit Bällen. Ihr werdet ganz schön staunen."

Nach Kretschmers Ballexperimenten will Lola unbedingt auch in der Natur-AG mitmachen. Tom, Luka und Kerim aus der Fußball-AG auch. „Ich mache aber nicht nur Experimente mit Bällen, Herrschaften", hat Kretschmer klargestellt. Und ich sage zu Lola: „Denk bloß nicht, dass ich in die Fußball-AG gehe, nur weil du in die Natur-AG kommst. Von dem ganzen Fußball-Gerenne hab ich richtig Bauchschmerzen". „Komisch, ich auch", sagt Lola. Und das ist ja wohl der endgültige Beweis für den Sport-Magen-Darm-Virus.

Mit dem Ball hoch hinaus

Wenn du wie ein Springball durch die Gegend hüpfst, sagen deine Eltern vielleicht, dass du ein Energiebündel bist. Mit diesem Versuch kannst du ausprobieren, wie es sich tatsächlich mit der Energie springender Bälle verhält. Du wirst überrascht sein!

Das brauchst du

- einen kleinen Ball (z. B. Tennisball)
- einen großen Ball (z. B. Fuß- oder Basketball)

Führe diese Versuche draußen auf einer ebenen Fläche durch.

Durchführen

1 Nimm zuerst den kleinen Ball in beide Hände und halte ihn mit ausgestreckten Armen waagerecht vom Körper weg. Lass den Ball aus dieser Höhe fallen und beobachte, wie sich der Ball bewegt. Wie hoch springt der Ball, nachdem er am Boden angekommen ist?

2 Wiederhole den Versuch mit dem großen Ball. Achte darauf, dass der Ball aus der gleichen Höhe herabfällt. Wie hoch springt der große Ball im Vergleich zum kleinen?

3 Nun ist etwas Geschicklichkeit gefragt, denn du musst zwei übereinander gestapelte Bälle gleichzeitig fallen lassen. Beim Loslassen sollen sie sich gegenseitig berühren. Beginne damit, dass der kleine Ball unter dem großen ist.

4 Was kommt heraus, wenn man wieder beide Bälle zusammen fallen lässt, diesmal aber der kleine Ball oben ist?

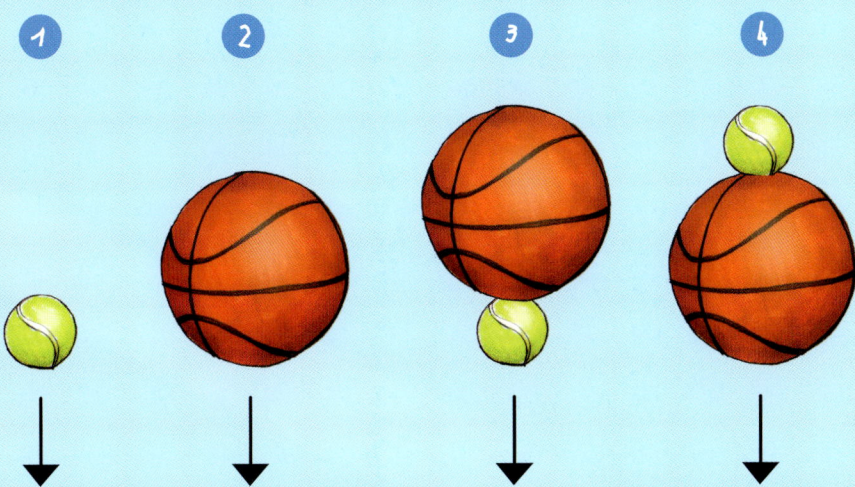

Verstehen

Um einen Ball hochheben zu können, muss man Energie aufbringen. Je höher man ihn hochhebt, desto mehr Energie ist nötig. Es steckt dann aber auch mehr Energie in ihm drin. Ein Ball springt vom Boden wieder nach oben. Wenn du genau hinsiehst, stellst du aber fest, dass er die Ausgangshöhe nicht mehr erreicht. Beim Auftreffen auf dem Boden wird der Ball kurze Zeit etwas verformt, was Energie kostet. Außerdem bremst ihn die Luft beim Fallen ein klein wenig ab. Im großen Ball steckt mehr Energie als im kleinen, weil er schwerer ist. Das kannst du deutlich spüren, wenn du die beiden Bälle nacheinander von der gleichen Höhe auf deinen Fuß fallen lässt.

Bei Versuch 3 kann der kleine Ball nicht mehr so hoch zurückspringen, weil die Energie des großen Balls entgegenwirkt.

Fällt der kleine Ball wie in Versuch 4 jedoch über dem großen auf den Boden, gibt der große Ball seine große Energie an den kleinen Ball weiter und sorgt dafür, dass der kleine Ball hoch in die Luft fliegt.

Geschockte Babysitter

Heute muss ich babysitten. Hat Papa gesagt. Als Gegenleistung, weil Frauke von oben so oft ein Auge auf mich hat, wenn Papa nicht da ist. Also logisch wäre dann ja, dass Papa babysittet, wenn er schon so oft nicht da ist, und nicht ich. Aber eigentlich passe ich sogar gerne auf Maja auf. Das Blöde ist nur, dass ich mit Lola verabredet bin.

Alles nur halb so wild. Lola kommt einfach auch auf den Spielplatz und babysittet mit mir zusammen. Dann ist es lustiger. Am Telefon hat sie gesagt: „Pauline, wir nehmen die Springseile mit und üben weiter doppelten Durchschlag." Da sehe ich aber noch schwarz. Maja will nämlich immer nur schaukeln, und wenn wir sie die ganze Zeit anschubsen müssen, können wir natürlich nicht zusammen Seil springen. Na ja, mal sehen, vielleicht spielt Maja ja auch im Sandkasten, dann ginge es.

Leider ist der Spielplatz ziemlich leer. Überhaupt keine Kinder, mit denen Maja spielen kann. Also schaukele erst ich sie an, und Lola springt Seilchen. Dann schubst Lola Maja an, und ich übe doppelten Durchschlag. „Nommaaal!", kreischt Maja immer vor Begeisterung. Das heißt „noch mal" in Majas Babysprache. Die Anschubserei ist ganz schön anstrengend. Aber dann hat Lola eine Superidee, mit der wir es uns leichter machen könnten: „Wir binden einfach ein Springseil an der Schaukel fest und ziehen, um Maja anzuschaukeln." Das findet Maja aber nicht so gut, weil sie immer schief schaukelt, wenn wir am Seil ziehen. Deshalb hat sie bald genug vom Schaukeln und buddelt lieber im Sandkasten.

Jetzt will ich schnell mein Springseil von der Schaukel abknoten, aber ich krieg es nicht ab. Lola kann einen so unglaublich festen Knoten, dass sie ihn manchmal selbst nicht losbekommt. Und so ist es auch diesmal. „Mist, geht nicht", kichert Lola, „komm, wir binden einfach noch das zweite Seilende an der Nachbarschaukel fest." „Super-Idee", finde ich. Jetzt schaukeln wir mit verbundenen Schaukeln
(Lola sagt „Freundschaftsschaukeln"),
und dabei passieren echt
lustige Sachen.

„Wo ist eigentlich Maja?", fragt Lola plötzlich, und mir rutscht das Herz in die Hose. Maja hab ich total vergessen, und ich sehe sie nirgendwo mehr. Wir springen gleichzeitig von der Schaukel und rennen los.

Keine Maja. Wir rufen. Wir suchen in den Büschen. Nichts. Total verzweifelt treffen Lola und ich uns im Sandkasten, wo Majas Schaufel liegt. „Was sollen wir denn jetzt machen?", flüstere ich, weil mir zum lauten Sprechen der Hals viel zu eng ist. „Wir müssen ...", fängt Lola eine Antwort an, als von der Schaukel ein fröhliches „Nommaaal!" zu uns rüberschallt. Lola und ich drehen uns gleichzeitig rum. Maja sitzt neben einem anderen Kind auf unserer zusammengebundenen Schaukel und kreischt vor Vergnügen, weil ein älteres Mädchen sie anschubst. Lola stößt ein erleichtertes „Puh!" aus. Ich krieg überhaupt nichts raus, weil mir der Schreck zu fest in den Gliedern sitzt. Aber Lola kann schon wieder Witze machen: „Ich glaub, Maja hat überhaupt nicht mitgekriegt, dass sie verloren gegangen ist", prustet sie raus, und ich muss so lachen, dass ich umfalle und wie ein Käfer auf dem Rücken liege und mit den Beinen strample. Lola ruft: „Nommaaal!" und lässt sich auch in den Sand plumpsen. „Nee, bloß nicht", sage ich und laufe zu Maja rüber, „nommaaal kann ich so einen Schock echt nicht gebrauchen!"

67

Befreundete Schaukeln

Schaukeln macht sicher auch dir viel Spaß. Hast du schon einmal darüber nachgedacht, woher die Energie dazu kommt? Außerdem ist es spannend zu beobachten, was passiert, wenn man zwei Schaukeln miteinander verbindet.

Das brauchst du

- einen Besenstiel
- zwei mit Wasser gefüllte, gut ausgespülte Milchtüten
- einen Nagel
- feste Schnur
- eine Schere
- Klebestreifen

Vorbereiten

Stich mit einem Nagel je ein Loch in die Mitte des oberen Falzes der beiden Milchtüten. Ziehe ein Stück Schnur hindurch und knote sie fest.

Binde beide Milchtüten an den Besenstiel. Achte darauf, dass die Schnüre beide gleich lang sind. Nun musst du nur noch die beiden Schnüre mit einem weiteren Stück Schnur miteinander verbinden. Lege den Besenstiel auf zwei Stühlen auf und klebe ihn mit Klebestreifen fest. Fertig ist deine kleine Modellschaukel!

Durchführen

Beide Milchtüten hängen zunächst ganz ruhig. Nun ziehe die eine Milchtüte eine halbe Handbreit von ihrem ursprünglichen Ort weg und lasse los. Sie beginnt zu schwingen. Beobachte genau was geschieht!

Verstehen

Zum Schaukeln ist wie bei jeder Bewegung Energie notwendig. Wenn dich jemand auf der Schaukel anschubst, gibt er Bewegungsenergie an dich ab, und du beginnst hin und her zu schwingen. Natürlich kannst du das mit deiner eigenen Muskelkraft auch ohne fremde Hilfe tun. Die Energie kommt dann aus deinen Muskeln, die durch Nahrung mit Energie versorgt werden. Sind zwei Schaukeln miteinander verbunden, gibt die zuerst angestoßene Schaukel einen Teil ihrer Energie an die ruhende Schaukel ab. Die fängt dann auch bald zu schwingen an. Lustig ist, dass die erste Schaukel nach einer bestimmten Zeit ganz zum Stehen kommt und die zweite Schaukel die ganze Energie übernommen hat. Kurz darauf geht die Energie aber wieder auf die erste zurück. Das geht nun immer hin und her, bis beide Schaukeln ihre Energie verloren haben, weil die Luft sie beim Schwingen abbremst.

Weiterforschen

Wenn du auf dem Spielplatz zwei Schaukeln mit einem Seil verbindest, kannst du mit einem Freund oder einer Freundin die sonderbare Schaukel am eigenen Körper erleben!

Kanufahrten ohne Kochen

Wir fahren zum Zelten an die Ahr! Mann, haben wir lange gebraucht, um meinen Vater dazu zu überreden! Dabei geht's nur um vier Tage! „Warum soll man sich in ein enges Zelt quetschen, Matteo, wenn man zu Hause ein herrliches Schlafzimmer mit einem wunderbaren Bett hat!", hat Papa gemeint, „und vom Badezimmer will ich gar nicht sprechen." Mama hat genervt mit den Augen gerollt und gemeint: „Leider fließt durch dein herrliches Schlafzimmer aber nicht die Ahr, und in der Badewanne kann man nicht Kanu fahren." „Wir könnten doch ins Waldschwimmbad gehen und das kleine Schlauchboot mitnehmen", hat Papa etwas schlapp vorgeschlagen, aber das hat Mama nicht gelten lassen: „Ins Freibad können wir immer gehen, aber jetzt sind Ferien. Sommerferien! Und DU liegst uns doch immer in den Ohren, dass wir endlich mal was anderes machen sollen, als nach Neapel zu Sophia zu fahren."

„Wirklich schön hier, Giulia!", schwärmt Papa begeistert, setzt sich neben Mama und taucht seine Zehen vorsichtig ins Wasser, „da haben wir ja einen Superplatz direkt am Fluss bekommen." Mama protestiert: „Hab ich WIR gehört? Wer hat den Platz auf dem Campingplatz klar gemacht?" Papa legt den Arm um Mama und lacht: „Natürlich Du, meine allerliebste, allerbeste, allerklügste, allerschönste Reisechefin!"

Ich finde, die könnten jetzt mal aufhören zu schmusen. Schließlich stehe ich schon bestimmt eine Viertelstunde mit Rettungsweste einstiegsbereit vor dem Kanu, und es ist sauheiß! Aber noch ist die Abfahrt nicht in Sicht. Mama muss erst nochkontrollieren, ob bei Luna und Selina alles in Ordnung ist. Die sind nämlich zum

ersten Mal alleine vier Tage bei Oma, und Mama macht sich ziemlich in die Hose deswegen. Na endlich, bei den Kleinen ist alles okay und wir steigen ein, um schon mal eine erste Probefahrt zu unternehmen. Mama ist voll in ihrem Element: „Herrlich heiß ist das heute, oder?" „Hmm", knurrt Papa, „gut dass wir auf dem Wasser sind, sonst wäre es ganz unerträglich.

Zwei Stunden später stehen wir wieder vor unserem Zelt und klatschen uns ab. „Super-Tour", sagt Mama. „Wir sind ein Spitzen-team", sagt Papa. „Olympisch", sage ich, obwohl Papa ehrlich gesagt ziemlich mitge-nommen aussieht. Seine Nase sieht verdächtig nach Sonnenbrand aus, und sein schwarzes T-Shirt ist am ganzen Rücken klatschnass geschwitzt, während Mama frisch wie immer aussieht. Papa und ich legen uns vors Zelt in die Sonne, damit Papa erst mal trocknet. Fast gleichzeitig knurrt uns beiden laut der Magen. „Na, wir haben beide wohl mächtig Hunger", sagt Papa, „da müssen wir drin-gend was unternehmen!" In dem Moment ruft Mama uns zu: „Männer, schlechte Nachrichten, unser Gaskocher funktioniert irgendwie nicht. Ich wollte gerade eine kleine Pasta machen, aber Fehlanzeige, es gibt wohl Brote!"

Nahrung

Zum Leben braucht unser Körper Energie. Da er Energieformen wie elektrische Energie oder Lichtenergie nicht verwerten kann, müssen wir Nahrung zu uns nehmen, die Energie in chemischer Form gespeichert hat. Mit dieser chemischen Energie kann unser Körper dann die Muskeln und Organe versorgen.

Papa und ich stöhnen gemeinsam: „Och, nee, ich hab so einen Hunger, ich brauch was Warmes!" Mama legt uns tröstend die Hand auf die Schultern und sagt: „Was haltet ihr von Brot mit Spiegelei?" „Seit wann kann man Spiegeleier ohne Gaskocher zaubern?", fragt Papa. „Wir braten einfach Spiegeleier auf deinem Rücken, mein Lieber", antwortet Mama. „Dein schwarzes T-Shirt ist durch die Sonne schließlich fast auf Kochtempera-tur aufgeheizt." „Na, vielen Dank", sagt Papa, „das sagt einem auch kei-ner, dass man für Campingurlaube lieber weiße statt schwarze T-Shirts einpacken soll, wenn man nicht als lebende Bratpfanne enden will."

Lichtschlucker

Hast du schon die schwarzen Kästen auf manchen Häusern entdeckt? Damit soll man Sonnenenergie sammeln können!? Wie das funktioniert, kannst du selbst nachprüfen.

Das brauchst du

- zwei leere, gut ausgespülte Milchtüten
- weiße und schwarze Plakat- oder Abtönfarbe
- einen Pinsel
- Wasser
- einen sonnigen Tag

Vorbereiten

Zuerst musst du beide Milchtüten mit Farbe bestreichen: die eine schwarz, die andere weiß. Die Farbe muss gut decken und anschließend ganz austrocknen. Danach wird in beide Milchtüten gleich kaltes Wasser eingefüllt.

Durchführen

Fühle zuerst, ob das Wasser in den Tüten etwa gleich kalt ist. Stelle beide an einen windgeschützten Ort in die Sonne. Warte eine Stunde und gieße dir etwas Wasser aus beiden Milchtüten über die Hand. Was stellst du fest?

Verstehen

Das Wasser im schwarzen Behälter ist sehr warm geworden, das Wasser im weißen Behälter jedoch fast so kühl wie zu Beginn. Die Oberfläche der schwarzen Milchtüte schluckt das Sonnenlicht fast vollständig auf. Dabei wird sie richtig warm und erhitzt das Wasser.

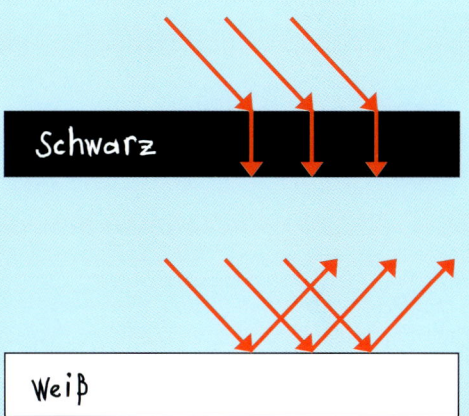

Die weiße Oberfläche dagegen wirft den größten Teil des Lichts wieder zurück, so dass das Wasser in der weißen Milchtüte nur sehr wenig erwärmt wird. Die weiße Fläche wirkt also fast wie ein Spiegel.

Die Sonnenkollektoren auf den Dächern sind ebenfalls ganz schwarz. Wasser, das durch sie hindurchläuft, wird von der Sonne erwärmt. Das auf dem Dach erhitzte Wasser kann man entweder für die Wasserversorgung im Haus oder zum Heizen nutzen. Damit spart man viel Strom, Gas oder Öl zum Heizen ein.

In südlichen Ländern werden die Sonnenkollektoren oft mitsamt dem Wasserspeicher auf dem Dach montiert.

Reichlich Rettungsdecken

Hoffentlich, hoffentlich regnet's nicht, wenn Mama, Papa, Jakob und ich unsere 5-Tages-Radtour machen. Jeder hat seine eigenen Gepäcktaschen am Fahrrad (meine sind knallrot!) und wir übernachten in Jugendherbergen. „Dürfen da denn auch Eltern rein?", habe ich Mama gefragt, weil es doch JUGEND-Herbergen heißt. Aber Mama sagt, dass es in modernen Jugendherbergen auch Familienzimmer gibt.

Unsere Wohnung hat sich in ein Chaos verwandelt. Überall liegen Sachen rum, die mit sollen. „Volker!", ruft Mama gerade: „Wo hast du denn die Minitaschenlampe?" Papas Antwort klingt ganz dumpf, weil er mit dem Kopf im Badezimmerschrank steckt: „Kann ich nicht erstmal eine Sache zu Ende bringen?! Du hast eben noch gesagt, ich soll ein Erste-Hilfe-Paket suchen. Wo sind die denn, zum Kuckuck, wir haben davon doch mindestens zwei!" Mama ruft: „Im Badezimmerschrank wie immer!", woraufhin Papa ein entnervtes „Ach, Danke für die Information" zu Mama rüberschickt. „Ich geh dann mal eben zur Apotheke und kau fe ein Erste-Hilfe-Paket", ruft er, „die alten sind wie vom Erdboden verschluckt." „Bring Sonnenmilch mit, wasserfest zum Sprühen", ruft Mama noch, „und hol doch mal die Satteltaschen rauf, damit wir packen können. Und bring Pizza mit, ich verhungere." „Aye, Käptn!", sagt Papa und ist schon zur Tür raus. Also, ich bin eigentlich ziemlich sicher, dass ich das Erste-Hilfe-Paket mit dem Kreuz drauf eben noch unter Mamas Regenzeug auf dem Küchenstuhl habe hervorgucken sehen.

„Hallo Leute, ruft Jakob", als er von Matteo nach Hause kommt, „was gibt's zu essen? Ich hab totalen Kohldampf. Und ich soll dir von Giulia das Erste-Hilfe-Paket geben, Mama. Das ist nach der letzten Wanderung irgendwie bei ihr und nicht bei uns gelandet." „Pizza. Ah ... super, Schatz, danke", sagt Mama ein bisschen wirr und schmeißt das Erste-Hilfe-Päckchen, das Matteo ihr gibt, auf ihr Regenzeug, „Papa ist gerade los eins kaufen, aber egal, dann haben wir eins in Reserve."

Natürlich sieht sie genau in dem Moment das Erste-Hilfe-Paket, das die ganze Zeit unter ihrem Regenzeug lag. „Wo kommt das denn jetzt her?", fragt sie verdutzt und hält beide Pakete nebeneinander, „dann haben wir ja mit dem, das Papa holt, drei!" „Kann ich dann eine von den Rettungsdecken haben?", fragt Jakob glücklich. „Wofür brauchst du denn eine Rettungsdecke?", fragt Mama misstrauisch. „Ich will eine Thermoskanne machen", sagt Jakob. „Du willst was?", fragt Mama und guckt so, als hätte Jakob gesagt, er wolle zum Mond fliegen. „Mit diesen Rettungsdecken, die man für die erste Hilfe braucht, kann man selbst eine Thermoskanne bauen", erklärt Jakob. „Machst du einen Beutel aus der Decke und gießt Tee rein oder wie?", fragt Mama. „Quatsch", setzt Jakob an und will Mama erklären, wie wir in der Naturforscher-AG eine Wasserflasche zur Thermoskanne umgemodelt haben, als Papa zur Tür reinkommt. Ein leckerer Pizzaduft zieht mit ihm in die Wohnung. „Die bestellte Pizza, gnädige Frau", ruft er, winkt uns in Richtung Küche und wirft Mama ein Plastiktütchen mit einem roten Apotheken-A drauf zu. „Ich hab gedacht, ich kauf zusätzlich noch mal eine Rettungsdecke. Man weiß ja nie, wann man die braucht."

„Da hast du Recht, Schatz", sagt Mama kichernd, „Jakob will offenbar in Zukunft den Tee daraus servieren, da können wir gar nicht genug Rettungsdecken haben."

Die selbstgebaute Wärmefalle

Leider kühlen sich heiße Flüssigkeiten an der Luft immer sehr schnell ab. Mit einem ganz einfachen Trick kannst du aus einer normalen Flasche eine richtige „Wärmefalle" machen: Deine eigene Thermosflasche.

Das brauchst du

- zwei gleich große Glasflaschen
- eine Rettungsdecke (Apotheke, Baumarkt)
- eine Zeitung
- eine Rolle Klebestreifen
- eine Schere

Vorbereiten

Spüle die beiden Flaschen zuerst gründlich aus und trockne sie dann außen gut ab. Schneide zwei rechteckige Stücke aus der Rettungsfolie aus. Die Folie soll etwas höher sein als die Flasche und so breit, dass sie zwei bis drei Mal um die Flasche herumgewickelt werden kann.

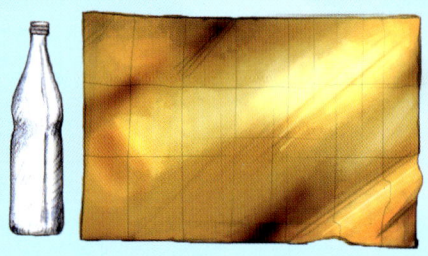

Nun wickle die Flasche so mit der Rettungsfolie ein, dass die silbrige Seite nach innen zeigt und der Verschluss der Flasche oben frei ist.

Sichere die Folie an mehreren Stellen mit einem Klebestreifen, damit sie sich nicht mehr aufrollt.

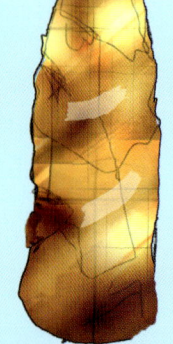

Den überstehenden Rest unten musst du noch an den Flaschenboden ankleben, so dass auch dort die Folie eng abschließt.

Die gleichen Arbeitsschritte wiederhole nun an derselben Flasche mit dem Zeitungspapier. Verwende vier oder fünf Lagen Papier gleichzeitig. Zum Schluss ist die eine Flasche mit Folie und Papier so eingewickelt, dass oben der Verschluss noch zu öffnen ist. Die zweite Flasche bleibt, wie sie war.

Durchführen

Fülle beide Flaschen mit sehr warmem Wasser aus dem Wasserhahn voll auf (Achtung, nicht mit dem Wasserkocher erhitzen!). Da zu Beginn immer erst kaltes Wasser aus der Leitung kommt, solltest du vorher mit dem Finger fühlen, ob das Wasser gleichmäßig warm fließt, denn du brauchst gleich warmes Wasser in beiden Flaschen. Verschließe beide Flaschen und stelle sie an einen kühlen Ort, an dem keine Sonne scheint und keine Zugluft vorhanden ist. Nach etwa einer Stunde öffnest du die nicht umwickelte Flasche und gießt dir etwas Wasser über die Hand. Wie fühlt es sich an? Gleich danach wiederholst du das mit dem Wasser aus der Flasche im „Schutzmantel". Was kannst du jetzt feststellen?

Verstehen

Das Wasser in der umhüllten Flasche ist noch immer sehr warm, während das aus der „nackten" Flasche in einer Stunde stark abgekühlt ist. Die Rettungsdecke und die Zeitung verhindern nämlich, dass die Wärme aus der Flasche so schnell entweichen kann. Die Rettungsdecke wirft mit der silbrigen Seite (wie ein Spiegel) den größten Teil der Wärmestrahlen zurück, so dass die Wärme nicht die Flasche verlassen kann. Das Zeitungspapier hat eine andere Aufgabe. Es wirft die Wärme nicht zurück ins Flascheninnere, aber es leitet sie nur sehr schlecht nach außen weiter und stellt damit eine zweite Barriere für die Wärme dar.

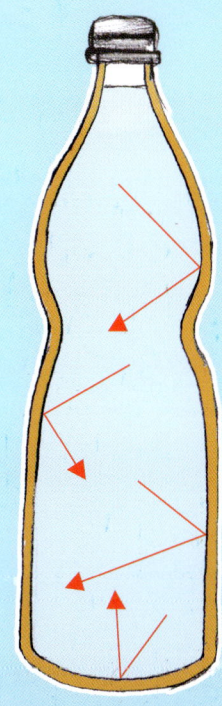

Radelnde Rouladen

Endlich sitzen wir alle vier im Zug. Eigentlich sind wir ja auf Radtour unterwegs, aber für die erste Strecke fahren wir anderthalb Stunden mit dem Zug. Unsere Fahrräder sind im Fahrradabteil direkt hinter uns angeschnallt. Mama greift in ihre Lenkertasche: „Will jemand Butterbrote? Du, Jakob?" Ich will auf jeden Fall. Zugbutterbrote sind die leckersten Butterbrote der Welt.

Ich radle heute voraus und suche den Weg. Morgen ist Lola dran. Der Fernradweg ist mit rotblauen Pfeilschildern angezeigt. Für heute haben wir uns noch 20 Kilometer vorgenommen. Papa kommt neben mich gefahren: „Na, Jakob, alles gut? Du machst ja ganz schön Tempo. Häng uns mal nicht gleich am Anfang ab." „Ich glaub, gleich fängt's an zu regnen", sage ich. Papa nickt rüber: „Stimmt. Ich sag Mama und Lola Bescheid, dass wir gleich mal eine kurze Pause machen, um Regenzeug überzuziehen, sonst sind wir gleich am Anfang klatschnass! Fahr langsam weiter, wir kommen gleich." Papa lässt sich zurückfallen. Ich schleiche so, dass ich fast umfalle, aber irgendwie kommt keiner. Was sind die anderen denn heute so lahm? Ich halte an. Von meiner Familie keine Spur. Also fahre ich ein Stück zurück, und da sehe ich sie mitten auf dem Weg um Mamas Fahrrad rum stehen. „Mama hat einen Platten!", ruft Lola mir entgegen, gerade als die ersten Regentropfen fallen. „Zum Glück vorne", sagt Mama und baut schon das Vorderrad aus. „Kommt da rüber mit den Rädern", sagt Papa, „wir stellen uns bei den Bäumen unter. Da werden wir nicht nass."

Mama hat schon den Fahrradschlauch aus dem Reifen geholt und sucht das Loch. „Kann nicht groß sein", meint sie, „ich sehe es nämlich nicht." „Dann geh doch mit dem Schlauch zu dem kleinen Tümpel, an dem wir gerade vorbeigefahren sind. Wenn du den Schlauch unter Wasser hältst, siehst du ja, wo Luft aus dem Loch blubbert." Mama macht sich auf den Weg. Ich habe Hunger und greife nach einem der restlichen Butterbrote. „Lecker!" „Mir ist kalt", sagt Lola und reibt ihre nackten Beine. „Mir auch", sage ich. „Ihr Frostbeulen", sagt Papa und greift in seine Gepäck-tasche. „Hatte ich nicht eure langen Hosen bei mir in der Tasche?" Er räumt das Erste-Hilfe-Paket zur Seite, das griffbereit ganz oben liegt, und kramt nach den Hosen. „Wart mal, Papa", sage ich, „können wir nicht mal ausprobieren, ob die Rettungsdecken aus dem Erste-Hilfe-Pa-ket wirklich warm halten?" „Au, ja", sagt Lola, „bitte Papa, dürfen wir?"

„Es sind sogar zwei kleine Löcher", höre ich Mama von weitem rufen. Ich muss lachen, weil Lola extrem komisch aussieht, so bis unters Kinn in die Rettungsdecke eingewickelt. Wie eine goldene Roulade. Lola kichert auch. Vermutlich sehe ich genauso komisch aus, obwohl ich mir die Decke nur bis unter die Arme gezo-gen habe, weil ich sonst mein Brot nicht mehr essen kann. Aber es klappt, mir wird langsam wirklich wieder warm. Als ich aufstehen will, um mir Brotnachschub zu holen, komme ich total ins Wanken, kann mich nicht mehr halten und kippe auf Lola, die ein lautes „Eyyyyyy – was – auuuuaaaaah" von sich gibt. Plötzlich steht Mama kopfschüttelnd neben uns und ruft in gespielter Verzweiflung: „Das soll jetzt Urlaub sein?! Es regnet, der Reifen ist platt, und mein Mann verfüttert unseren letzten Proviant an gewickelte Außerirdische vom Planeten Goldroulade, die in unverständ-lichen Dialekten sprechen."

Die hauchdünne Wärmesperre

Dein Körper wandelt die Energie, die du ihm mit Nahrung zuführst, unter anderem in Wärmeenergie um. Der Mensch braucht viel Energie, um seine gleichmäßige Körpertemperatur von ungefähr 36,5 ° C zu halten. Wenn der Körper zu heiß wird (Fieber!), kann es gefährlich werden. Das gilt allerdings auch, wenn die Körpertemperatur zu weit sinkt.

Das brauchst du

- Rettungsfolie (Baumarkt, Apotheke)
- ein digitales Fieberthermometer
- eine Schere

Vorbereiten

Schneide ein Stück von der Rettungsfolie ab (ca. 50 cm breit und 100 cm lang).

Durchführen

Führe diesem Versuch mit nacktem Arm durch. Schalte zuerst das Fieberthermometer ein. Forme nun eine Faust und schiebe die Spitze des Fieberthermometers in das Innere der Hand. Halte die Faust geschlossen und merke dir, welche Temperatur beim Piepsen angezeigt wird.

Im zweiten Teil des Versuchs nimmst du das Thermometer wieder in die Faust, diesmal jedoch wickelst du die Rettungsfolie um den Arm (silberne Seite nach innen), so dass auch die Hand eingehüllt ist. Lediglich das Thermometer soll noch herausschauen. Warte ungefähr zehn Minuten ab. Miss nun die Temperatur. Was zeigt das Thermometer beim Piepsen an? Vergleiche die beiden Ergebnisse. Was stellst du fest? Spürst du einen Unterschied?

Verstehen

Das Thermometer hat bei deinem Versuch eine höhere Temperatur angezeigt, als dein Arm einige Minuten in Rettungsfolie eingeschlagen war. Unser Körper gibt ständig Wärmestrahlen an die Umgebung ab. Wenn man sich jedoch in eine Rettungsdecke einhüllt, sorgt die spiegelnde Oberfläche der Folie dafür, dass die Wärmestrahlen wieder zum Körper zurückgeworfen werden. Wärmestrahlen verhalten sich wie Lichtstrahlen, die auf einen Spiegel treffen. Der eingehüllte Körper kann sich also nicht abkühlen, sondern bleibt sehr warm.

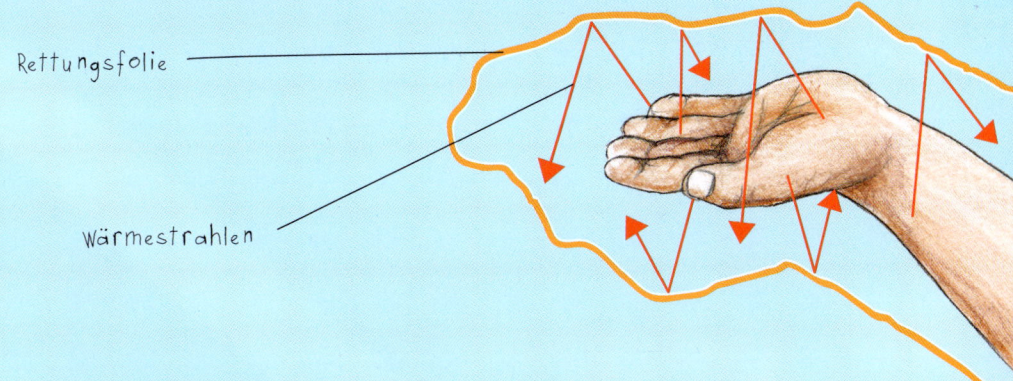

Rettungsfolie

Wärmestrahlen

Aus diesem Grund wird Rettungsfolie bei Verkehrsunfällen eingesetzt. Verletzte Personen kühlen durch den Schock schnell aus. Weil das für sie sehr gefährlich ist, soll man sie als Erste-Hilfe-Maßnahme mit der Rettungsdecke warm halten. Die Wärme kommt jedoch nicht von der Folie, sondern ist die Eigenwärme der Verletzten.

Pech und Pappbecher

Ich bin krank und lieg im Bett, so ein Mist. Doppel-Dreifach-Vierfach-mist. Ich kann mir überhaupt nichts Gemeineres vorstellen, als ausge-rechnet heute krank zu sein. Aber Papa war total eisern und hat „njet, Pauline" gesagt. Russisch soll das sein und besonders doll „nein" hei-ßen. Das macht er immer, wenn er meint, er müsste mal ein Machtwort sprechen. Dabei ist er überhaupt kein Russe, und ich hab überhaupt kein Fieber mehr. Nur noch ein winziges Bisschen erhöhte Temperatur, aber das zählt finde ich nicht. Findet Papa aber schon, also muss ich zu Hause bleiben, und Frauke von oben guckt nach mir und macht mir Mittages-sen. Und Papa hat versprochen gaaanz früh aus dem Büro nach Hause zu kommen, schon um 2. Das ist überhaupt nicht früh, und außerdem klappt's bestimmt sowieso nicht.

Wunder, o, Wunder, Papa ist sogar um halb 2 nach Hause gekommen. Und was macht er jetzt? Sitzt im Wohnzimmer am Computer und arbei-tet. Da hätte er doch gleich im Büro bleiben können. Es ist so ungerecht, dass ich im Bett bleiben muss. Lola und Jakob feiern heute nämlich ihren Geburtstag in der Nachmittagsbetreuung. Und nicht nur so irgendeinen Geburtstag, sondern einen Forscher-Geburtstag mit Experimenten in unserer Naturforscher-AG. Und jetzt kann ich nicht dabei sein.

Es klingelt. Papa macht auf. Wer kommt denn jetzt? Es ist Lola. Sie saust zu mir ins Zimmer und drückt mir einen Pappbecher mit ‚Happy Birthday' drauf und lauter kleinen Süßigkeiten drin in die Hand. Total nett! „Schade, dass du nicht dabei sein kannst", meint sie, „ich hab dir aber eins von den Geburtstagsexperimenten mitgebracht. Das wollen wir gleich in der AG als Erstes machen. Dafür musst du aber erst alle Süßigkeiten auffuttern. Fürs Experiment brauchst du nämlich den Becher. Jetzt muss ich los, gleich fangen wir an", sagt sie noch und ist schon fast zur Tür raus. Ich rufe ihr schnell nach: „Aber wie geht denn das Experiment?" „Am Boden vom Becher findest du zusammengefaltet einen kopierten Zettel mit der Anleitung. Tschüss, bin weg!"

Papa steckt seinen Kopf zur Tür rein und fragt: „Was war denn das für ein Wirbelwind?" Ich erkläre ihm alles und da sagt er: „Weißt du was, mein Pauline-Schatz, dann schalte ich mal die olle Kiste aus (damit meint er den Computer) und wir machen das Experiment. Dem Experimentieren schaden ein bisschen Fieber und eine Versuchsleiterin im Bademantel nicht. Was meinst du?" Na, das braucht er mich nicht zweimal zu fragen, ich will auf jeden Fall. „Dann steh mal auf und zieh dir den Bademantel über, wir lüften hier so lange", sagt Papa.

Körpertemperatur

Wenn du Fieber hast, produziert dein Körper mehr Wärme als sonst. Mit der höheren Körpertemperatur bekämpft er Krankheitserreger im Körper. Das Fieber ist also keine unnötig aufgewendete Energie, sondern eine sinnvolle Abwehrreaktion des Körpers.

Und dann geht's los mit dem Versuch. Na ja, noch nicht ganz, weil wir ja erst die ganzen Süßigkeiten futtern müssen, bevor's wirklich losgehen kann. „Bist du sicher, dass wir die nicht in einen anderen Becher umfüllen können?", fragt Papa. „Auf gar keinen Fall, Lola hat ‚aufessen' gesagt, und es steht nichts von anderen Bechern in der Anleitung!", antworte ich und Papa stopft sich sechs Gummitiere auf einmal in den Mund. „Natürlich", meint er und grinst sein breitestes Papa-Grinsen, „natürlich, wir halten uns genau an die Versuchsanleitung. Zeig mal her!"

Wasserkochen im Pappbecher

Pappe brennt, oder? Doch schau dir mal den folgenden Versuch an. Dann wirst du vielleicht feststellen, dass das nicht immer so ist.

Das brauchst du

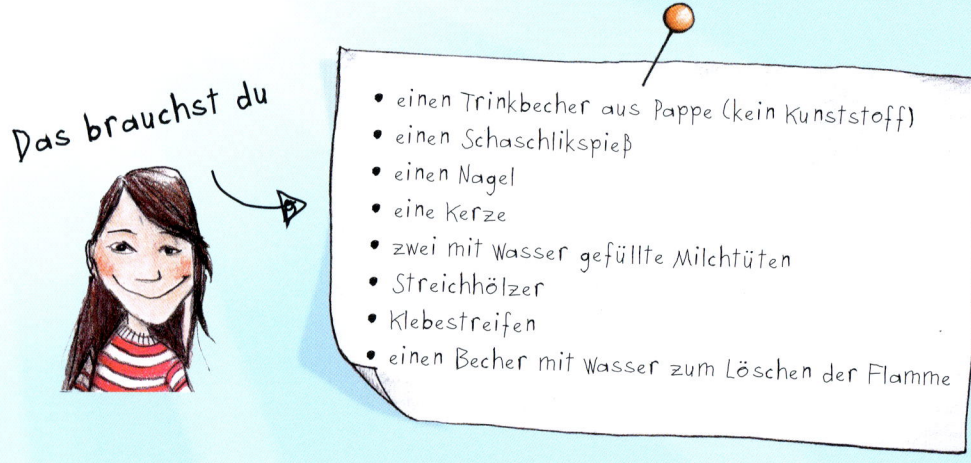

- einen Trinkbecher aus Pappe (kein Kunststoff)
- einen Schaschlikspieß
- einen Nagel
- eine Kerze
- zwei mit Wasser gefüllte Milchtüten
- Streichhölzer
- Klebestreifen
- einen Becher mit Wasser zum Löschen der Flamme

Vorbereiten

Stich den Pappbecher mit dem Nagel ganz oben an zwei gegenüberliegenden Stellen durch, so dass der Schaschlikspieß waagerecht durch den Becher geschoben werden kann.

Achte darauf, dass der Becher genau in der Mitte hängt.

Lege nun den Spieß mit dem Pappbecher links und rechts auf die Milchtüten und befestige ihn mit Klebestreifen.

Die Kerze muss so unter den Becher passen, dass die Flamme den Becher direkt berührt. Stelle etwas unter die Kerze, wenn der Abstand nicht stimmt.

Durchführen

Zu Beginn gibst du zwei Teelöffel Wasser in den Pappbecher. Zünde nun die Kerze an, und schiebe sie brennend unter den Pappbecher. Was vermutest du, passiert? Beobachte genau, was mit dem Wasser geschieht und wann der Pappbecher zu brennen beginnt. Kannst du dir das Ergebnis erklären?

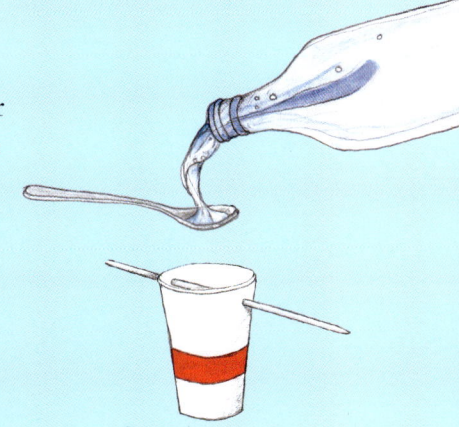

Verstehen

Wenn du eine Kerze anzündest, passiert zweierlei: Die Kerze gibt Licht ab und Wärme. Das liegt daran, dass in der Kerze Energie gespeichert ist: chemische Energie. Diese Energie ändert mit dem Abbrennen ihre Form. Sie verwandelt sich in Wärme- und Lichtenergie.

In unserem Experiment überträgt die Flamme die Wärme auf den Pappbecher, der sie wiederum an das Wasser weiterleitet. Wenn das Wasser kocht, weil seine Temperatur 100 Grad erreicht hat, verlässt die Wärmeenergie mit dem Dampf den Becher. Beim Kochen nehmen die Wasserteilchen im Dampf so viel Energie mit, dass das flüssige Wasser immer 100 Grad heiß bleibt.

Der Pappbecher, in dem das Wasser kocht, kann also auch nur 100 Grad heiß werden. Das genügt jedoch nicht, um ihn anzuzünden. Dazu wären über 250 Grad nötig. Erst wenn das Wasser ganz verdampft ist, kann die Pappe die Wärme nicht mehr loswerden. Die Temperatur steigt über 250 Grad an, und die Pappe beginnt zu brennen.

Wärme

Kühlwasserhelden

Frau Franz will, dass unsere Schule beim Brückenlauf mitmacht. „Es geht gar nicht darum, dass jeder Einzelne die Strecke schnell schafft", erklärt sie, „sondern darum, dass so viele wie möglich für die Schule mitlaufen. Alle dürfen: Schüler, Lehrer, Eltern, Freunde. Egal, wie schnell oder langsam." Pauline fragt: „Und was kann man gewinnen?" Frau Franz strahlt: „Immerhin gibt es 1000 Euro für die Schule, die die meisten Läufer auf die Strecke schickt. Also: Fragt eure Verwandten, Freunde, Nachbarn, es lohnt sich." „Mein Opa geht aber an Krücken", ruft Kerim. „Na dann fragst du halt deine Oma", sagt Frau Franz und lacht.

Papa hält das Schild mit unserem Schullogo hoch. Darunter steht: Auf geht's! Das Schild ist einer der Sammelpunkte für unsere Schule, und Papa hat sich freiwillig gemeldet. „Schon klar, du Held", hat Mama dazu gesagt, „wer Schilder trägt, braucht nicht zu laufen, stimmt's?" Mama und Volker holen sich gerade mit noch ein paar anderen Erwachsenen aus unserer Schule die Startnummern ab. Ich hab 352 vorne auf der Brust, Lola 376 und Jakobs 341 hängt jetzt schon irgendwie schlapp an ihm runter. Wir stehen mit den anderen rum und warten, dass die Lautsprecherdurchsage für unseren Start kommt. „Wo ist denn Pauline?", fragt Lola. „Keine Ahnung", antworte ich, „die wollte noch was trinken, weil's so mordsmäßig heiß ist." „Es geht aber gleich los", quengelt Lola, „und ich hab keine Lust, ohne Pauline zu laufen." „Läufst du halt mit mir", sagt Jakob, aber Lola winkt ab: „Nee, Jakob, du bist mir echt zu lahm." Frau Franz mischt sich ein: „Leute, das ist ein Teamlauf, da will ich euch noch mal dran erinnern. Ihr sollt euch gegenseitig MITziehen, nicht RUNTERziehen! Okay, Lola?" „Ja, ja, schon klar", meint Lola und winkt aufgeregt, „da kommt Pauline. Na endlich!"

Es ist so voll auf der Laufspur, dass wir auch noch lange nach dem Start sozusagen zwangsweise im Team vorantraben. „Die Hälfte habt ihr schon", höre ich Papa nach einer Ewigkeit aufmunternd vom Rand her brüllen. „Puh, ist das schwül", stöhnt Jakob, der bisher aber super mitkommt. Noch einen Kilometer. Oh Mann, ist das anstrengend. Es ist so drückend, dass ich das Gefühl habe, die Luft ist aus Blei. Und meine Beine auch. Unsere Schul-T-Shirts sind nicht mehr hellgrün, sondern dunkelgrün vor Schweiß.

Wir kommen noch mal an unserem Schulschild vorbei. „Ihr schafft das!", höre ich Papa brüllen, „go, go, go!" Das Klatschen der Zuschauer, die am Rand stehen, hört gar nicht auf. Endlich taucht das Ziel vor uns auf, und mit letzter Kraft renne ich wie ein Verrückter. Wir stürmen gemeinsam ins Ziel und stolpern zum Sammelplatz, wo wir mit begeistertem Jubel empfangen werden. „Kühlung! Wasser!", stöhnen wir alle. „Ihr braucht 'ne Abkühlung?", fragt Papa. „Na mal sehen, ob ich da was tun kann." Er reißt die Arme zum Himmel, tanzt albern im Kreis herum und ruft: „Oh Regengott, diese Spitzensportler benötigen dringend eine Abkühlung! Also bitte: Wasser marsch!" Genau in diesem Moment fallen die ersten Tropfen Regen auf den Platz und eine Minute später tanzen wir alle in einem prasselnden Wasserfall. Mama schnappt sich Papa und sagt: „Mensch, da hast du ja mal Glück gehabt!"„Tja", sagt Papa, „gewusst wie! Erst nur ein Schild halten und dann trotzdem Held des Tages werden!"

Die Kerze unter Wasser

Das Wasser kühlt, hast du ja schon oft am eigenen Leib erfahren, wenn du zum Beispiel im Sommer in ein Schwimmbecken springst. Wie verblüffend gut die Kühlwirkung von Wasser auch außerhalb deines Körpers ist, kannst du mit diesem Versuch ausprobieren.

Das brauchst du

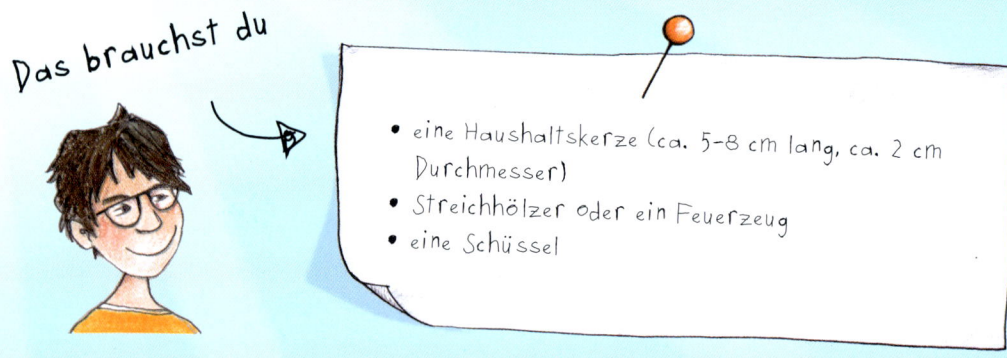

- eine Haushaltskerze (ca. 5–8 cm lang, ca. 2 cm Durchmesser)
- Streichhölzer oder ein Feuerzeug
- eine Schüssel

Achtung: Dieser Versuch darf nur im Beisein eines Erwachsenen durchgeführt werden!

Vorbereiten

Entzünde mit einem Streichholz die Kerze und warte, bis sich etwas flüssiges Wachs gebildet hat. Nun tropfe das Wachs in die Mitte der Schüssel und drücke vorsichtig die Kerze hinein. Es dauert einen kleinen Moment, bis das Wachs fest geworden ist und die Kerze hält.

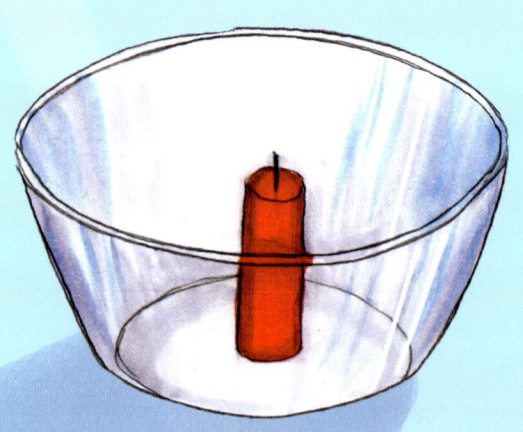

Durchführen

Stelle die Schüssel mit der Kerze an einen Ort, an dem es nicht zieht. Fülle die Schüssel bis direkt unter den oberen Rand der Kerze mit Wasser. Zünde die Kerze nun erneut an und beobachte, was mit der Kerzenflamme geschieht. Schätze, wann die Flamme vom Wasser gelöscht wird.

Verstehen

Eine Kerzenflamme entsteht, wenn das Wachs stark erhitzt wird und verdampft. Der Dampf verbrennt zusammen mit dem Sauerstoff in der Luft. Eine angezündete Kerze wird normalerweise immer kleiner, weil das Wachs von oben her verbraucht wird.

In deinem Versuch aber brennt die Kerze unterhalb der Wasserlinie weiter, weil sich eine trichterförmige Wachsschicht gebildet hat, obwohl die Flamme nahe an sie heranreicht. Das Wasser kühlt nämlich das Wachs von außen und verhindert, dass es schmelzen kann.

Mit Wasser kann man hervorragend kühlen, weil es sehr viel Wärme aufnehmen kann, ohne dass seine Temperatur schnell ansteigt.

Ohne Energie geht nichts!

Energie wird immer dann benötigt, wenn z.B. etwas erwärmt, bewegt, angehoben, verformt, aufgeladen, magnetisiert oder beleuchtet werden soll. Aber wie wird Energie gespeichert, transportiert und eingesetzt? Das kann man sich am Beispiel des Sonnenlichts klar machen. Die Energie der Sonne ist die Grundlage für das Leben auf der Erde. Das Licht kann man dabei mit einem Lastwagen vergleichen, der die Energie von der Sonne zur Erde transportiert.

Die Sonne ist also eine Art Energiewandler (manche sprechen auch von Energieumlader). Das Licht ist der Energieträger. Auf der Erde angekommen, wird die Energie auf vielerlei Weise verwendet. Ein Baum braucht Licht, um wachsen zu können. Eine Solarzelle erzeugt mit dem Licht elektrischen Strom. In der Atmosphäre wird durch Licht Wärme erzeugt, die für die Entstehung von Winden und Gewittern verantwortlich ist.

Energie kann in ganz verschiedenen Formen vorkommen. Wenn uns kalt ist, benötigen wir Wärmeenergie. Wenn wir Hunger haben, also Energie für unseren Körper brauchen, nutzt uns Wärme gar nichts. Dann benötigen wir nämlich die in unserer Nahrung gespeicherte Energie – man sagt chemische Energie dazu. Wenn wir einen Fön betreiben wollen, benötigen wir elektrische Energie. Auf die Energieform kommt es also an!

Energie geht nie verloren. Wenn eine Energieform in eine andere umgewandelt wird, entsteht immer Wärme. Oft ist diese Wärme unerwünscht, weil man sie nicht weiter nutzen kann. Daher sprechen manche Leute auch von „Energieverlust". Doch das stimmt nicht, denn die Energie löst sich nicht in Nichts auf, sondern kann nur nicht weiter genutzt werden. Eine Glühlampe erzeugt z. B. neben dem Licht sehr viel Wärme. Die geht jedoch in die Luft über und damit für weitere Energieumwandlungen verloren.

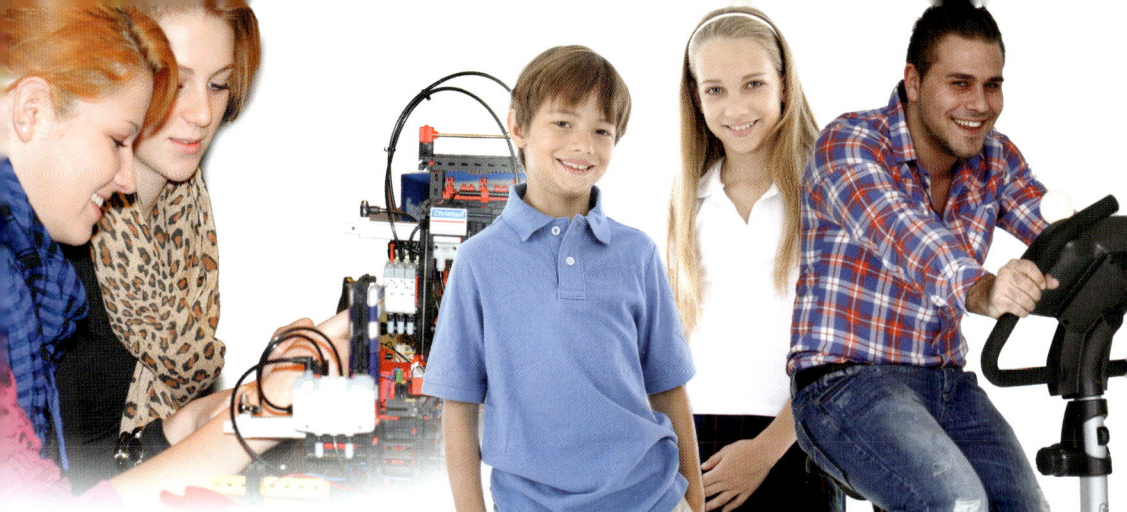

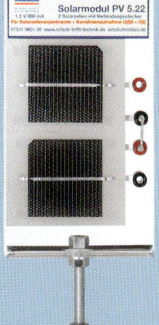

Expeditionsziel: Nachhaltigkeit.
Ihr Reiseführer in die Zukunft.

Ressourcen und Umwelt schonen, Lebensgrundlagen sichern, eine lebenswerte und zukunftsfähige Gesellschaft erhalten: Entdecken Sie die Welt der Nachhaltigkeit auf der „Expedition N", der mobilen Informations- und Bildungsinitiative der Baden-Württemberg Stiftung.

Besuchen Sie das „Expeditionsmobil", ein zweistöckiges Ausstellungsfahrzeug, und erfahren Sie, wie wir durch einen verantwortungsbewussten Umgang mit Energie unsere Umwelt schützen können. Große und kleine Entdeckerinnen und Entdecker können sich hier in einer interaktiven Multimedia-Ausstellung – unter anderem an Beispielen aus Baden-Württemberg – über nachhaltige Energienutzung informieren: über Energiesparpotenziale im Haus, neue Antriebskonzepte bei Fahrzeugen, den Einsatz regenerativer Rohstoffe und vieles mehr. Gehen Sie mit uns auf Expedition N!

www. expeditionN.de

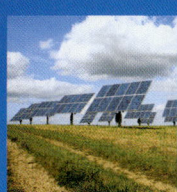
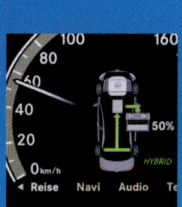
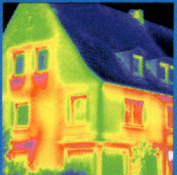

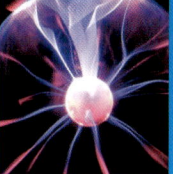